新川匠郎 著

大連立政権は
民主政治の
十分条件か

21か国の比較を通じて

Explaining Grand Coalitions from a Set-Theoretic Approach

Government Patterns in Twenty-one Countries

晃洋書房

は　じ　め　に

　多数決とは政治的な意思決定における一つの手段である．この時，10人ならば6人，100人であれば51人，1000人ともなれば501人以上の賛同を得ずして，「諸価値の権威的な配分（Easton 1965：3）」が民主主義の考えに則って行われたと述べることはできないだろう．非民主的な手続きであれば多数決が必ずしも必要でないかもしれない．だが政治的意思決定を民主的に行う上では多数派の合意を得ることが必要な条件とみなせるのである．

　では，ぎりぎり過半数を超える単純多数の賛同をもって意思決定が行われたとするならばどうであろうか．他の価値観を有していた残りの4人，41人，499人の考えは汲み取られていたのだろうか．例えば，欧州連合離脱の是非を問う2016年イギリス国民投票では約1700万人が離脱を支持して，約1600万人が反対に回った．比率にして52％という多数派の合意を得たことは，欧州連合離脱の決定が民主政治の枠組みでなされたといえるかもしれない．だが残りの48％とは何であったのか．この問いかけには少数派の問題だけでなく，地域や年齢によっては反対が多かったという多数派それ自体の問題も含まれる．50％超という単純多数決が民主政治の必要条件であり，同時に十分条件でもあることには疑問符が付くといえよう．

　以上から見えてくる本書の従来の研究と重なる問題・関心とは，単純多数決を超えた合意形成にある（Lijphart 2012：2）．他方で本書の従来の研究と異なる試みは，より多くの合意を取り付けていくという民主政治の在り方について，大連立政権の成立を題材として十分条件という観点から考えることにある．そもそも大連立が成立することは民主政治における十分条件であるのか．また，十分に多くの合意を取り付けている大連立とはどういうことなのか．そして，その幅広い政党間の合意を取り付けるための十分条件とは何であるのか．こう

した点になぜ，そしていかに大連立政権が様々な国で成立してきたのか，経験的に問うことで考察を加えたい．

　大連立を十分条件から考えるという本書の試みには，従来の研究にあった以下の空白を埋める狙いがある．まず分析対象である大連立とは，議院内閣制を長らく敷いてきたヨーロッパ諸国でテーマ化されてきた．そのため，日本のヨーロッパ政治研究の中で取り扱われること自体は珍しいものでなかった（例えば，網谷ほか 2014）．ただし日本では，理論研究が散見できる一方（篠原 1977；岡沢 1988；加藤 2011），経験的な分析に比重を置いた国際比較研究が各国の個別事例研究と比べて多くなかった．確かに日本における90年代以降の連立政権の常態化は政党間の連立の分析を進める契機となっただろう（例えば，成田 2001；森 2011；岩渕／岩崎 2018）．しかし，それでもなお日本で国際的な視野に立つ比較連立研究は少ないのが現状である．

　また大連立という政権にフォーカスするならば，日本だけでなく世界的にも研究蓄積が少ない．国際比較を想定した連立研究自体は盛んに行われてきたかもしれない．だが大連立政権は，数ある連立パターンの中でもユニークな特徴をもつとみなされて，扱いづらい風変わりなものと位置づけられてきたのである（例えば，Siaroff 2000：Ch. 5）．その結果，比較連立研究では様々な大連立のパターンを捉える分析がこれまでなされてこなかった．大連立について取り組む本書は，日本で蓄積の乏しかった連立研究に資すると同時に，連立理論で議論不十分であった点を補完する視座も持ち合わせると考えている．

　次に大連立の分析で本書が用いる十分条件とは，論理学や集合論といった考えに立脚する．社会科学においては，これと関連する考え方がまとめられて，複雑なシステムを分析する手段として提起されている（Ragin 1987；Schneider／Wagemann 2012）．この手法は因果関係の複雑さを捉えようとする点で，少数の事例を用いて，ある結果に対する多くの要因について考えてきたいわゆる定性的な手法と親和性をもつ．だが他方で，その分析アルゴリズムの体系性は少ない要因で多数の事例を説明することについて試みてきた定量的な研究の性質も

併せ持っている（Berg-Schlosser *et al.* 2009）．こうした点は，定性的研究と定量的研究の間に架け橋を作り，その対立を超えていくという理念の下で提起される新しい分析手法の特徴でもある（例えば，King *et al.* 1994；Brady／Collier 2010）．

連立研究の歩みを振り返れば定性的研究の重要性が説かれる一方（例えば，Pridham 1986；Kropp 2001），定量的研究もよく用いられてきた（Strøm *et al.* 2008 を参照）．しかし，ここで紹介したような論理学・集合論に依拠した分析法は明示的かつ積極的には導入されてこなかった（Bäck／Dumont 2006；Kreudel-Kaiser 2014）．また日本での90年代以降に深まりを見せてきた政治学方法論の議論においても，こうした考え方は大きく取り上げられてこなかっただろう．近年，これまでの定量的なアプローチと連動させることを念頭に置いた議論が盛んになってきた（増山／山田 2004；浅野／矢内 2013）．また同時に，従来の定性的な考えによりそった形でその分析の仕方の展望について考えることも増えてきている（岸川／岩崎 2004；保城 2015）．だが，こうした中でも本書で採用するような論理学・集合論に基づく分析とその可能性をメインテーマとするものは限られている．以上を踏まえた時，大連立を十分条件から考える本書は連立研究における方法論的な刷新だけでなく，日本の政治学方法論における論点補完のためにも示唆するものがあると考えている．

以上，大連立を十分条件から考えるという本書の試みがどういった研究群へ一石を投じることを狙いとするものかを述べてきた．ただし本書の取り組みとは，あくまで民主政治の意味を問いかけることができている場合に限って，学術的貢献に向けた試みとなるはずである．もしかしたら民主政治は最悪の政治の在り方かもしれないし，他の政治の在り方から常に挑戦を受けるものである．だからこそ，その意味は問われ続けている．本書で解き明かすべきことは，幅広い協力を促す要因，その下で生まれる合意形成に向けた交渉，そして結果として成立する大連立という民主政治において見いだせる一連の過程である．もちろん，その過程の解明がより良い政治に向けた一般的な政策提言となるかどうかは本書の議論の範疇を超える．とはいえ独裁者による少数決や，単純多数

決をもって民主的とする政治様式とは異なる一方，既存の研究とは異なる大連立政権のユニークな特徴を描き出せない限り，本書の分析はこれまでになされてきた知的貢献を僅かであっても超えることはできないと考えている．

目　　次

はじめに

第Ⅰ部　大連立政権で考えるべきこと

第一章　大連立という選択肢 …………………………………… 3

第1節　大連立の批判的出発点　　(4)

第2節　対決・競争型の代替案　　(6)

第3節　交渉・合意型の仕組み　　(8)

第4節　本書の構成　　(9)

第二章　大連立を分析する上での問題 ………………………… 13

第1節　連立研究での存在論的な前提　　(14)

第2節　連立研究での因果の考え方　　(18)

第3節　連立分析の認識論的な前提　　(22)

第4節　大連立の分析に向けて　　(26)

第Ⅱ部　大連立政権はいかに成立するのか

第三章　大連立の特徴 …………………………………………… 33

第1節　大連立の階層的特徴　　(33)

第 2 節　他の政権パターンとの違い　　*(35)*

第 3 節　大連立の含んでいる内容　　*(37)*

第 4 節　大連立の分類の仕方　　*(38)*

第 5 節　大連立のもっている分析視座　　*(40)*

　　　1　政治様式との結びつき

　　　2　政治様式のパターン化

　　　3　大連立を予期できる政治

第四章　大連立を説明するために ……………………………………… *49*

第 1 節　連立理論の基盤　　*(49)*

第 2 節　大連立を説明するモデルの背景　　*(50)*

第 3 節　大連立を説明するモデルの展開　　*(52)*

　　　1　政策を追求する動機

　　　2　政策次元の多元性

　　　3　党内部の事情と制度への適応

第 4 節　大連立の統合的な分析枠組み　　*(58)*

第 5 節　比較分析に向けて　　*(59)*

第Ⅲ部　大連立政権の実証分析

第五章　19か国内での比較 ………………………………………………… *69*

第 1 節　確認事例の分析　　*(69)*

　　　1　使用する国のデータ

　　　2　各国の事例

　　　3　事例内での観測の仕方

第 2 節　大連立の仮説　　*(74)*

目　　次　　vii

　　　　　1　政策的な類似／相違モデル

　　　　　2　弱い／強い中核政党モデル

　　　　　3　政党間関係の複雑さ／簡潔さモデル

　　第3節　質的比較分析（QCA）による検証手続き　　*(85)*

　　第4節　大連立はいかに説明されてきたのか　　*(89)*

　　　　　1　大連立成立に関する分析

　　　　　2　大連立不成立に関する分析

　　　　　3　各モデルへの評価

　　第五章の補遺　　*(98)*

第六章　2か国内での比較 ……………………………………………… *103*

　　第1節　逸脱事例の分析　　*(103)*

　　第2節　リヒテンシュタインでの政権成立　　*(109)*

　　　　　1　リヒテンシュタインの政治制度

　　　　　2　1978年の事例

　　　　　3　1997年の事例

　　第3節　マルタでの政権成立　　*(120)*

　　　　　1　マルタの政治制度

　　　　　2　1981年の事例

　　　　　3　対決・競争型のドライブ

　　第4節　両国の比較分析　　*(127)*

第七章　21か国内での一般化 ………………………………………… *131*

　　第1節　一般化する際の背景・制約条件　　*(131)*

　　　　　1　背　景　条　件

　　　　　2　制　約　条　件

　　　　　3　一般化に向けて

　　第2節　大連立を精緻に捉えるために　　*(137)*

1 指標の問題

2 指標の再構成に向けて

3 類型化の手続き

4 カテゴリーの導出

第3節 大連立の仮説と文脈的な条件 *(147)*

1 安定した党支持

2 開かれた一院制

3 政党間関係の複雑さ

4 政権の比例代表制

5 上からの圧力

第4節 大連立分析の一般化は可能なのか *(158)*

第七章の補遺 *(162)*

第Ⅳ部 大連立政権は民主政治の十分条件か

第八章 大連立研究の展望 ……………………………………………… *171*

第1節 大連立分析の結果 *(171)*

第2節 分析のさらなる一般化 *(175)*

第3節 大連立分析の含意 *(178)*

おわりに *(183)*

参考資料・文献 *(187)*

索 引 *(217)*

図 表 一 覧

第三章　大連立の特徴

図 3 - 1　政権パターンの合意の程度　*(37)*

図 3 - 2　大連立の分類手続き　*(40)*

図 3 - 3　政権パターンと政治様式　*(41)*

表 3 - 1　政治様式の多様なパターン　*(43)*

第四章　大連立を説明するために

図 4 - 1　概念・因果の対称性　*(61)*

図 4 - 2　指標の分解　*(63)*

第五章　19か国内での比較

表 5 - 1　検証に用いられてきたユニット　*(70)*

表 5 - 2　大連立の国別での観測事例数　*(73)*

図 5 - 1　中核政党の政策位置の極端さ（1945-2010）　*(78)*

図 5 - 2　19か国の議会・総議席数の平均値　*(81)*

図 5 - 3　国別での政策位置の分散（1945-2010）　*(82)*

図 5 - 4　Tax / GDP の密度関数　*(84)*

表 5 - 3　各モデルの仮説・操作化　*(86)*

表 5 - 4　真理表分析の一例　*(87)*

表 5 - 5　簡単化の手続きの一例　*(89)*

図 5 - 5　大連立成立に関する分析結果　*(91)*

図 5 - 6　大連立不成立に関する分析結果　*(93)*

表 5 - 6　必要条件に関する分析　*(98)*

表 5 - 7　大連立の不成立に向けた因果経路　*(99)*

第六章　2 か国内での比較

図 6 - 1　第六章の分析の対象　*(104)*

図 6 - 2　仮説修正型の分布　*(107)*

x

図6-3　仮説発見型の分布　　*(108)*

表6-1　リヒテンシュタインにおける選挙・議会・政権（1945-2009）　　*(110)*

表6-2　1978年選挙の結果　　*(116)*

表6-3　マルタにおける選挙・議会・政権（1947-2008）　　*(121)*

表6-4　1981年選挙の結果　　*(124)*

表6-5　分析のまとめ　　*(128)*

第七章　21か国内での一般化

図7-1　第七章の拡張した分析の対象　　*(132)*

図7-2　背景条件を満たしたユニットの分類　　*(136)*

図7-3　連邦レベルにおける大臣職配分　　*(142)*

表7-1　大連立の類型に関する真理表分析　　*(145)*

図7-4　大連立のユニット別の傾向（1990-2010）　　*(147)*

図7-5　リヒテンシュタインにおけるボラティリティ（1949-2010）　　*(149)*

図7-6　両国の州でのボラティリティ（1990-2010）　　*(151)*

表7-2　大連立の成立条件に関する分析　　*(159)*

表7-3　大連立成立の真理表分析　　*(159)*

表7-4　大連立の指標における必要条件に関する分析　　*(162)*

表7-5　大連立成立・不成立の必要条件　　*(163)*

表7-6　大連立成立に関する分析結果　　*(163)*

第八章　大連立研究の展望

図8-1　一般化の射程　　*(177)*

図8-2　大連立のメカニズム　　*(179)*

欧文略語表記の名称と訳語

AUL　Australia　オーストラリア

AUS　Austria　オーストリア

B　Burgenland　ブルゲンラント州

BB　Brandenburg　ブランデンブルク州

BE　Berlin　ベルリン都市州

BEL　Belgium　ベルギー

BW　Baden-Württemberg　バーデン・ヴュルテンベルク州

BY　Bayern　バイエルン州

CAN　Canada　カナダ

CDU　Christlich-Demokratische Union Deutschlands　キリスト教民主同盟

CSU　Christlich-Soziale Union　キリスト教社会同盟

DEN　Denmark　デンマーク

FBP　Fortschritte Bürgerpartei Liechtenstein　リヒテンシュタイン進歩市民党

FDP　Freie Demokratische Partei　ドイツ自由民主党

FPÖ　Freiheitliche Partei Österreichs　オーストリア自由党

FIN　Finland　フィンランド

FL　Freie Liste　自由リスト

FRA　France　フランス

GER　Germany　ドイツ

HB　Hansestadt Bremen　ブレーメン都市州

HE　Hessen　ヘッセン州

HH　Hansestadt Hamburg　ハンブルク都市州

ICE　Iceland　アイスランド

IRE　Ireland　アイルランド

ITA　Italy　イタリア

JPN　Japan　日本

K　Kärnten　ケルンテン州

LI　Liechtenstein　リヒテンシュタイン

LUX　Luxembourg　ルクセンブルク

MA　Malta　マルタ

MV　Mecklenburg-Vorpommern　メクレンブルク・フォアポンメルン州

NET　the Netherlands　オランダ

NI　Niedersachsen　ニーダーザクセン州

NOR　Norway　ノルウェー

NÖ　Niederösterreich　ニーダーエスタライヒ州

NW　Nordrhein-Westfalen　ノルトライン・ヴェストファーレン州

NZ　New Zealand　ニュージーランド

OÖ　Oberösterreich　オーバーエスタライヒ州

ÖVP　Österreichische Volkspartei　オーストリア国民党

PDS　Partei des Demokratischen Sozialismus　民主社会党

PL　Partit Laburista　マルタ労働党

PN　Partit Nazzjonalista　マルタ国民党

QCA　Qualitative Comparative Analysis　質的比較分析

RP　Rheinland-Pfalz　ラインラント・プファルツ州

S　Salzburg　ザルツブルク州

SH　Schleswig-Holstein　シュレスヴィヒ・ホルシュタイン州

SL　Saarland　ザールラント州

SN　Sachsen　ザクセン州

SPÖ　Sozialdemokratische Partei Österreichs　オーストリア社会民主党

STa　Steiermark　シュタイアーマルク州

STd　Sachsen-Anhalt　ザクセン・アンハルト州

SWE　Sweden　スウェーデン

SWI　Switzerland　スイス

T　Tirol　チロル州

TH　Thüringen　テューリンゲン州

UK　United Kingdom　イギリス

V　Voralberg　フォアアールベルク州

VU　Vaterländische Union　祖国同盟

W　Wien　ウィーン都市州

第Ⅰ部　大連立政権で考えるべきこと

第一章　大連立という選択肢

　本書は議会制民主主義における数ある政権運営方式の中でも，大連立政権に焦点を当てる．この政権には，ドイツの二大政党の連立といった国毎の定義を与えることができる（Schmidt 2004：286）．だが他方で，最小限の多数派を上回る幅広い連立を形成して行政府を主要な政党間で共有するという，大連立の抽象度の高い定義も提起されてきた（Lijphart 2012：33）．

　本書がタイトルで掲げているように，国際比較を志向して後者の定義を出発点とする時，各国の文脈の中で生じる大連立の程度と種類の問題から目を背けることはできない．例えば日本では1996年から二大政党であった自由民主党，社会党，そして新党さきがけの連立，2007年には実現するには至らなかったものの，自由民主党と民主党の間での連立に向けた協議が大連立として取り上げられた．また2000年代以降の議会単純多数を超える自由民主党が公明党と連立する政権も，単独政権と比べれば政党間の合意を「より」重視したものとみなせる（岩渕／岩崎 2018を参照）．

　この日本の例は，文脈的な定義を超えた抽象度の高い概念から大連立を捉え直す際に，その種類と程度を慎重に検討しなければならないことを示している．多種多様な大連立がなぜ，そしていかに成立するのか．大連立のパターンについて分析することを始める前に，ここではまず大連立それ自体のもつ意味を考えてみたい．

第1節　大連立の批判的出発点

　大連立が「いかに」成立するのかという問いでは，大連立の存在が前提となる．しかし，「なぜ」大連立が成立するのかという問いの場合，大連立が理論的・経験的に想定しがたい政権であるという考えが根底に潜んでいる．「なぜ」によって大連立それ自体が問われるのは，この政権がしばしば論争を呼ぶものであったことに起因する．大連立は平時において好ましくない政権の在り方で，それはむしろ民主政治における危機として捉えられてきた[1]．

　この議論の背景として，そもそも政党は私的な存在であり公的な存在でもある，社会と国家の両方に根ざす奇妙な存在であることに目を向ける必要がある（Muirhead / Rosenblum 2006；Benotti 2011）．政党とは，これまで効率的な政治運営と民主的な意見表出という役割から規定されてきた（Weber 1989 [1921]；Michels 1989 [1911]）．この議論の内で政党の次の特徴が指摘される．一方で政党とは，行政のコントロールを試みるために組織されたものである（Schattschneider 1942：IX）．他方で政党は，選挙という領域で活動し，有権者の票を求めて競い合う唯一の組織とも特徴づけられる（Panebianco 1988）．これら二つの特徴は，政党が有権者の住む社会と行政を司っている国家の間に位置して機能することを浮き彫りにする（例えば，Katz / Mair 2009；Krouwel 2006）．

　この時，社会の側からは「同じ信念，態度，価値をもつ人々の意見を代表」していることを政党に求める（Ware 1996：2-4 も参照）．この社会の代表であるべきという要請を通じて，政党は国家側に立つ責任を持ち，民意を集約，そして社会に対する説明を行う．これは議会制民主主義で考えられる政党の役割と理解できるが，要請はおそらく社会からだけではない（例えば，川人 2015：46-47）．効率的な政治運営という観点に立脚する国家の側からは，「社会における狭い利益を越えた利益を集約」している政党が望ましいはずである．ここにおいて政党の社会に対する説明とは，政党による操作として，社会の側から批判

的に捉えることも可能だろう．国家の側からの利益集約という要請を通じて，政党は国家側に立つという責任が生じ，結果として政治運営で社会に説明しているとも解せるのである[2]．

　良い悪いといった規範的議論のいずれにせよ，政党が社会と国家の間に位置して「代表と集約」を行い「説明と責任」を果たす．この特徴を踏まえて，大連立政権について考えてみよう．一般的に大連立政権，その極端な例であるオール与党の下ではどの党が社会の代表としてその責任を負っているのか鮮明ではないといわれる（Thomassen 2014：3-4）．説明を求める相手が不明確な大連立では，その政治過程において国家的な要請ないし「エリート間カルテル（Lijphart 1969：213）」による操作という特徴が際立つ．ヤスパースは当時のドイツの大連立について，「これが実現すれば現実の見せかけだけの民主主義すら，全てを連帯の責任とする，—いいかえれば，すべてについてなんの責任もない—，政党寡頭制の権威主義的支配のなかに潰え去ることになる（Jaspers 1966）」と述べていた[3]．

　この問題を踏まえた時，個々の党が別途責任をもって，社会に説明できる政権こそが議会制民主主義の健全さを保つと提起される（Pinto-Duschinsky 1999：122-123；McGann 2004；2006）．確かに個々の政党は理論上，利益の集約と意見の代表という二つの要請に応えうる．だが，実際には単独政権でそれらを実現するのは難しいかもしれない．ただし一つの政権で「代表と集約」ができず，「説明と責任」を果たせなかったのであれば，社会は多数派を交代させればよい（dynamic representation, Clark *et al.* 2013：761-765）．周期的な政権交代を通じて，代表と集約を行い説明責任を果たす，政党を介した民主政治は成り立ちうる（歴史的動態から，Mair 2014）．また個々の政党が互いに対決して政権の座を競うことは，既成政党が説明責任能力を誇示するために近年重要になってきたといわれる（Mair 2009）．1990年代のイタリアや日本での制度改革とは，こうした対決・競争型の理念を伴って推し進められたものの一例として挙げられるのである（例えば，McGann and Latner 2012）．

仮に大連立が成立してしまった場合に予測される帰結も問題視される．大連立は単独政権に比べて諸政党の合成物であり，利益集約して効率的な政治運営を行えるような統一性を持ち合わせてないという指摘がある（例えば，Bejar *et al.* 2011）．この結果として大連立は各党の要望に基づき様々な政策を実施しなければならなず，財源の枯渇，有権者への過度な負担を招くと考えられる（例えば，Persson / Tabellini 1999；Bawn / Rosenbluth 2006）．また大連立の内部で多くの意見を取りまとめる必要があるため，単独政権に比べて環境の変化に対して鈍感になるという（Tsebelis 2002：Ch. 8；Manatschal / Bernauer 2016）．こうした大連立の帰結として，社会における不満増加や反体制勢力の拡大を促すと懸念される（Andeweg 2000；Banaszak and Doerschler 2012）．大連立の後にナチス・ドイツが権力を掌握，民主政治の崩壊への道を辿ったワイマール共和国は，この問題を示す一例といえよう．

第2節　対決・競争型の代替案

大連立政権では政党が「代表と集約」をせず，「説明と責任」も持たない．故に，平時での大連立の不成立が民主政治にとっての必要条件であるべきという議論が存在し続けてきた．だが対決して競い合う政治，それを形づくる単独政権・政権交代のサイクルとは別に大連立が様々な国で実現してきたことも事実である．そこでは1960年代に，対決・競争を至上命題としないシステムが稼働しうるのかどうか，比較研究がすすめられた（Lehmbruch 1967；Lijphart 1969）．これを政党間の交渉と合意を重んじる政治様式，言い換えれば「大連立を十分条件とする政治」[4]の研究が発展する一つの契機と位置づけることができる（Benz 2015 も参照）．

こうした交渉・合意型[5]の実態へ目を向けた研究の中からは，シンプルな多数決を普遍的に実践することへの疑いが浮上した．利益集約と意見代表という二つの要請に一つの政党が答える，そして説明責任を果たすことについて現実で

期待するのは困難であるという（Lijphart 1977：100；Lehmbruch 2003：9）．政権運営を短期的な視点からみれば，シンプルな多数決で決まった政権が少数派の意見を代表するにはとても限定的か，過度に少数派の意見を希薄化させると考えられた．また政権運営を中長期的な視点から見れば，次の点が懸念された．一つ目は，そもそも一つの政党が政権に就いた後に政権交代が行われない可能性があることである．二つ目は，政権交代に対する期待を持てたとしても，政権の保持（奪取）に向けた競争の過激化によって民主政治に弊害を及ぼすことである（Schmidt 2008：317）．

　以上の問題を深刻に考えた場合に，少数派の意見を包含できる政治制度の一つである大連立が現実的なオプションとして挙げられることになる（Powell 2000 も参照）．そこでは大連立によって，政党は意見代表のみならず利益集約という要請にも答えうると考えられている（cabinet-centered, Ganghof 2015）．これは政権交代ではなく，交渉を通じた政党間の協力体制の確立プロセスに光を当てたためであるだろう（例えば，Holtmann / Voelzkow 2000：9-11）．ここで政権与党の説明責任の在り方とは，対決・競争型のものと異なる．具体的には有権者の「委任」によって，政党が単独政権で責任を負い，個々の党が別々に咎められるのではない．有権者の「信託」を通じて，各党は連立政権の中で責任を負って，与党全員に対する評価の中で咎められるという構図がある．

　大連立を念頭に置いた政治様式は，単独政権・政権交代を想定した政治様式の代替として提起されてきた．そのため，理想として掲げられた対決・競争型を否定しているわけではない．これまで大連立を十分条件とする政治とは，民主主義の規範からの逸脱と引き換えに存在する現実的なセカンドベストと位置づけられてきた（Lijphart 1975：179）．実際の政治の難しさを踏まえた上で，シンプルな多数決とは異なる政治様式が様々な意見を内包する多元社会を安定させる手段になるという．大連立とは政治運営のいろはを学ぶ機会であり，「より寛容な政治」を行うことに関係していると提起されている（Hendriks 2010：83）．

8　第Ⅰ部　大連立政権で考えるべきこと

　また，統治の限界問題からいわゆる大連立待望論が展開される．大連立政権
は政治改革を推し進める機会になると提起される（例えばKropp 2010a：218-
219；Lindvall 2010）．交渉の結果として党派を超えて協力する大連立であるが故
に，遂行困難な案件に対する一致した取り組みが可能と考えられるのである．
こうした改革の議論と関係して，大連立政権が単独政権と比べて，国際社会へ
の積極的な参画を促す（Oktay 2014），財政健全化に向けて働くこと（Bäck /
Lindvall 2015）などが議論されている．

第3節　交渉・合意型の仕組み

　以上では大連立を危機と捉えるのではなく，むしろ民主政治における一要
素・十分条件と考えてきた．では，大連立政権の成立が民主政治における必要
な条件でないとするならば，どういった場合に大連立の成立を予期できるよう
になるのか．このメカニズムを見定めるために，いかに大連立が成立してきた
のか，経験的に問う比較の視座が重要となってくる．比較の本質とは物事を同
じ土俵で競わせてみて，そこから学び取ることにある（Sartori 2009b：151-152）．
どの条件がいかなるメカニズムを通じて，どういった類の大連立を成立させる
のだろうか．比較を通じたパターンの精査が，大連立の成立とその帰結という
逐次的で複合的な因果の鎖の解明につながっていく（George / Bennett 2005：Ch.
6も参照）．

　本書はこうしたパターン理解の一環として，議会制民主主義を長らく敷いて
きた21か国の量・質ともに異なるデータから大連立の理論，モデル，そして仮
説を検討する．大連立の理論を振り返ってみると，政党間の相互作用から形作
られる構造的な特徴，連立行動を制約するフォーマルな制度の特徴から一般的
な説明が組み立てられてきた．そこでは特に「多党制」，「二院制」という大条
件から引き出せる説明要因に関心が向けられてきたことを見て取れる．つまり
「二大政党制」の構造と「一院制」の制度の下では，単独政権・政権交代とい

う対決・競争型の仕組みが働くと想起できる．だが本書では，「二大政党制」と「一院制」の下でも大連立が平時に成立しないわけでないことを提起する．

なぜこうした逸脱事例が生まれるのか．結論を先取りすると本書では，以下の大連立の力学が働いていたと指摘する．それは，議会外のアクターが議会内のアクターと相互作用する「開かれた一院制」，そして「政党への安定した支持」という二条件が結びつく場合に大連立が成立するというものである．この逸脱事例の分析を通じて示す大連立のロジックからは，民主政治への含意を引き出せる．それは，「二大政党制／多党制，一院制／二院制」の枠組みに収まらない大連立の仕組みが対決・競争型とは異なるシステムの安定に寄与しうる点である．

ただし観測する事例の内では，こうした大連立を基にした交渉・合意型の政治様式に対して大きな変革が求められていたことも見逃せない．なぜ大連立が閉塞感を与えるものへと変貌するのか．そこでは，上述のロジックが形骸化することが一つの条件になると提起する．この点は，大連立を必要十分としてしまったシステムが，長期的に運用されうるのかについて疑問符をつける．

そこでは，大連立が成立しないことを前提にする政治へ移行することが一つの解決策のようにも思われる．もちろん交渉・合意型の経路依存があるにもかかわらず，理想的な対決・競争型へ容易に移行できるとは考えにくい．また大連立を考慮しない政治においても，危機的な状況を引き起こす可能性を捨てきれない．本書では，大連立を基盤とするメカニズムがシステムの安定に寄与しうる一方，大連立で固定されるデザインは問題的であるともみなしている．そのため，大連立を想定するシステムの場合，その制度設計について詳しく検討する必要があると考えている．

第4節　本書の構成

本書は次のように議論を進めていく．まず第二章では大連立の「なぜ」，「い

かに」という問いへ答える際に本書で用いる接近法を確認する．具体的には連立研究にあった二つの接近法を対比して，有効な分析法は何かを明示する．そこでは連立研究の方法論的な刷新を考える上で，集合論に基づく分析が重要な役割を果たすと提起する．

　この分析手段の確認を踏まえて第三章以降から，具体的な大連立の分析へ入る．中でも第三章と第四章では，大連立の分析枠組みを設定する．第三章では，大連立の実践とそれを生じさせる構造・制度の総体が交渉・合意型の政治様式を形成する，という政党間競合のミクロの視点から民主政治のマクロの視点へのつながりについて確認する．他方で第四章では，大連立の成立へ因果的な説明を与える理論を検討する．その際には，60年代に提唱された連合理論へ着目する．そして，その後の理論展開を政党間関係に起因する構造，政党の行動を制約する制度という観点から整理する．そこでは多党制・二院制の下で過大規模の政権が生じやすく，二大政党制・一院制の下でそれは起こりにくいという「二大政党制／多党制，一院制／二院制」の枠組みを浮き彫りにする．

　この分析枠組みを基にして，第五章から第七章にかけて経験的な分析を行っていく．第五章では西欧諸国を中心とした19か国の事例で，多党制・二院制から説明を行ってきた大連立のモデルの整合性を検討する．そこでは確かに，モデルが仮説の予測通りに大連立の不成立を説明可能なことを確認する．だが大連立の成立に関しては，その仮説を支持する証拠を見つけ出せないことも集合論に基づく分析から示す．大連立の不成立に比べて，大連立の成立事例を説明できていないという分析の結果は，同様の事例で実証されてきたモデルが大連立政権の実態理解のために適切であったのか，という論点につながっていく．

　この問題を踏まえて第六章では，事例に立ち返ってモデル改善の一案を検討する．具体的には，二大政党制・一院制であったマルタとリヒテンシュタインでの異なる結果について説明する条件を精査する．そこでは「安定した党支持」，議会内外のアクターが相互作用する「開かれた一院制」という両国を分かつ条件配列によって大連立メカニズムが働くと指摘する．続く第七章では，

例え二大政党制・一院制でも大連立が生じる上述のパターンの応用可能性について，取り扱ってきた21か国内で検討する．この分析からは，オーストリアおよびドイツの州という仮説を引き出す事例と類似した背景・制約条件をもつ事例へ一般化しても，第六章で特定した大連立の仮説は棄却できないと提起する．最後に第八章では，ここまでの仮説検証・構築の手続きを振り返る．そして，「二大政党制／多党制，一院制／二院制」という枠組みを超えて大連立のパターンを検討することに含まれる民主政治の更なる分析に向けた含意を考える．

注

1) この命題においては確かに，戦時中に見出せるような極度の緊張状態での大連立を例外扱いとする．非常事態ではむしろ，全員一致する大連立政権が政治の安定に直結すると考えられる．しかし，これらの実践は非常事に限ったものであり，平時において好ましくないという議論に変わりはない．

2) ここでは政党が受動的な存在として描かれている．しかし政党や政治家の主体的な行動動機は否定されるものではなく（例えば，Aldrich 1995），むしろ現実の複雑さを考えさせる要素とみなされるべきである．

3) この指摘は，党組織の肥大化による党内民主主義の減退という「寡頭制の鉄則（Michels 1989［1911］）」を基に，説明責任の問題がより深刻なものと捉えられていた結果でもある．有権者の代わりに党指導者が権力をもち大連立が生じることで，議会制民主主義の中核にある有権者の決定という要素が希薄になると考えられてきた（例えば Germann 1976：438）．

4) ここで十分条件として規定している理由は，例え大連立政権が成立していなくとも対決・競争型とは異なるシステムが平時に稼働すると考えられるためである．そこでは，「小連立が成立する限り，ドイツは大連立国家である（Schmidt 2011：42）」という指摘も見出せる．

5) 二つの区分は，あくまでも理念的なものである．比較可能なもの同士の間で優劣をつける「競争」と行為者の間でなされる「交渉」はある結果に対するプロセスであり，対決と合意はその結果とみなせる．ただし合意が交渉なしに到達しえないのに対して，対決とは競争ないし交渉の原因にもなりうる．以上からは対決，競争，交渉，合意という四つの特徴に基づく複数の組み合わせを想定できる．だが，ここでは交渉・合意

型へ主な関心を払っているため，これ以上述べることはない．

6）　確かに，この集約機能（包括性）に対しては修正的視点もある（『統合アプローチ』，Horowitz 2014）．具体的には選挙前連合を通じて，利益集約を積極的に進めることが重要と提起されている．しかし修正的な視点との主だった相違とは選挙前の連合に焦点を当てるのか，ないしは選挙後の連合に焦点を当てるのか，という点にある．そのため，選挙前連合・選挙後の連合のいずれを論点にしても，その後の政権の在り方で単純な多数決に基づく政権が生じるとは想定されていない．

7）　これは，社会・経済的な不平等是正，民主主義への満足感とも結びつけられて議論される（Müller-Rommel 2008；Lijphart 2012：Ch. 16；Bernauer／Vatter 2012）．

第二章　大連立を分析する上での問題

　第一章では対決・競争型と異なる政治様式において，大連立の成立がそのシステム稼働の十分条件になりうることを示した．また，この十分条件として出現する大連立の因果的メカニズムを考える際には，比較分析を進めることが重要になるとも指摘した．ただし，この大連立分析における比較の考え方は一様ではない．従来の連立分析では大きく二つの接近法が並立してきたとされる（Kropp 2008；Buzogány / Kropp 2013：262）．一つ目は，演繹的に導出される仮説を基に経験分析を進める「ゲーム理論の伝統」である．二つ目は，経験分析を通じて帰納的に導出される含意の仮説化を進める「ヨーロッパ政治の伝統」である．

　本章では連立研究の二つのアプローチの特徴を明示化して，内在する問題を浮き彫りにする．まず，「古典的カテゴリー論」と「プロトタイプに基づくカテゴリー論」という二つの概念形成の考え方があることを確認する．次に，形成された概念間を結びつける因果関係はいかなる特徴をもって考察されるのか．この時，「相関関係」と「集合関係」という異なる考え方が連立分析に内在してきたことを示す．三点目として，二つの研究伝統における概念・因果の認識論的な相違について，分析上での「不確実さ（uncertainty）」と「曖昧さ（vagueness）」というテーマから光を当てる．以上を踏まえて最後に，大連立分析で有用な接近法は何でありうるのかについて考える．

第1節　連立研究での存在論的な前提

　まずは，大連立の因果関係を推論する上での分析概念の組み立て方に着目する．連立研究での理論・モデルの鍵概念は以下の二通りの考えに基礎づけられる．一つ目は「古典的カテゴリー論」，二つ目が「プロトタイプに基づくカテゴリー論」と呼ばれるものである[1]．

　一方の「古典的カテゴリー論」と呼ばれる概念形成の手続きの起源はアリストテレスの時代にまでさかのぼることができる．この手法では，論理学でいうところの必要条件である属性によって概念が特徴づけられる（Goertz 2006）．つまり，ある概念の下では必ず同一の属性が含まれるという条件が課される．例えば連立政権とは，「二つ以上の政党の協力」という属性から規定できる．この二つ以上か否かという漏れなく概念・類型を規定する属性には，更なる属性を付与していくことで下位の概念を設定できる．言い換えると，形容詞を順に付与していくことで類型は細分化，階層構造が形成される（Sartori 1970）．このプロセスは，論理演算での論理積（＊）によって表現可能なものでもある[2]．例えば「多数派連立政権」とは，議会多数派の政権という上位概念・類型に[3]，連立という下位の属性・形容詞が付与されることで成り立っている．

　逆説的に属性（形容詞）が付いていない，つまり論理演算での「否定（～）」が一つでも含まれる場合，その概念・類型に該当しないことになる．多数派連立政権とはそもそも議会少数派であってはならず，その上で単独政権であってもならないのである．なお，こうした階層性を伴い順序立てて諸概念を差別化する過程で，各概念・類型は重複しないという相互排他的な関係が想定されている．こうした概念形成法は，同じ理論体系を共有する「ゲーム理論の伝統」と「ヨーロッパ政治の伝統」の双方で見出せるだろう（Kropp 2001：26）．しかしこれは，「多数派連立政権」の他にも「多数派単独政権」や「少数政権」といった概念を分析に積極的に用いる「ゲーム理論の伝統」の内で好まれてきた

（例えば，Golder *et al.* 2012；Casey *et al.* 2014）．

　ただし，この古典的カテゴリー論に基づく概念形成法は経験分析における有用性で問題も指摘される．一つ目は，「概念がそもそも最少の努力で最大の情報を提供するべきである（Rosch 1978：28）」という概念のもつ本質的な役割からの批判である．必要条件で規定される属性が十分な情報を提供しているのか疑わしいと考えられるのである．例えば与党が議会多数派でないことに規定される少数政権は，北欧などに見る政権運営を問う際の分析概念として用いられるかもしれない．しかし，この規定では実質的な権力を持たない一過性の選挙管理内閣も少数政権とみなしうる．そこでは分析で問うべきものに対して，概念・類型それ自体が十分な情報を提供しているのか疑わしいと考えられるのである（例えばBale / Bergman 2006：423-425）．

　二つ目は，属性の無限後退という問題である（Taylor 2010：37-38）．必要条件である属性は排他的に概念・類型を規定するため，論理学上，最も本質的な属性を考えることが第一に求められる[4]．そこでは概念把握に向けて，ある属性の更に突き詰めた属性の属性といった内容を探求しなければならないジレンマへ落ち込む．連立研究の中核には政権を成立させることができる「勝利」という概念がある．この概念・類型は，多数派を確保している議会グループから特徴づけられる．だが実際には議席占有率51％や53％など，どれほどの多数派である場合に確かに勝利しているグループと認識されるのだろうか（問題提起として，Riker 1962：48）．多数派を確保していないはずの少数政権成立の問題があるにも関わらず，議会多数派の確保を前提に52％，53％など勝利の突き詰めた属性を探るのは経験分析の視野を狭めてしまうだろう．

　最後に挙げる問題は概念構造の決定性である．もちろん，どの程度その概念に属しているのかというファジィ集合の特徴，上位概念と下位概念の間で累積的特徴は付与されうる（例えば，Clark *et al.* 2008；Møller / Skaaning 2011）．だが属性の付与によって増える下位概念は常に階層構造に埋め込まれており，各概念の役割は事前に固定される．例えば，少数派単独政権とは議会少数派である．

16 第Ⅰ部 大連立政権で考えるべきこと

そして，これに付与する形で単独政党によって政権が構成されるという属性が
規定されなければならないのか．「少数派単独政権」の経験分析は，必ずしも
少数政権にすそ野が広がるわけではない．むしろ単独政権へ分析の一般性が先
に開けてくるかもしれない．「抽象化の梯子（Sartori 1970 : 1044）」が厳格に規定
されるため，経験分析における不必要な制約もかかるのである．

　以上の問題から，「古典的カテゴリー論」を基にした連立研究は困難に直面
するだろう．そこで第二の概念形成の手続きとして，「プロトタイプに基づく
カテゴリー論」と呼ばれる手続きが提起されている．この考え方の起源は，19
世紀ドイツのヴィトゲンシュタイン（Ludwig Wittgenstein）の研究にまでさかの
ぼることができる（Lakoff 1987 : 16）．そこでは「古典的カテゴリー論」と対照
的に，論理学における十分条件によって概念が形作られる（Goertz 2006）．これ
は「論理和（＋）」によって表現できるもので，各概念属性は代替可能性があ
ると想定される[5]．

　例えば連立研究「ヨーロッパ政治の伝統」の中では，大連立政権が明確な一
つの基準だけで規定されえないと提起されている．確かに，ゲーム理論上では
プレーヤー全てが協力する状況を大連立と規定できるかもしれない（Ray /
Vohra 2015）．しかし実際には，大連立の種類と程度が各国の事例から見出せる
という（Lijphart 1981）．この考えの下では概念の厳格な階層構造は破棄され，
全ての十分条件である属性を含んだ「理念型（Weber 1949 : Copecchi 1966 も参
照）」が中心に据えられる．これを基にして意味内容のより少ない他類型が放
射状に設定され，大連立の種類と程度が理解されることになる（radial category,
Collier / Mahon 1993）．この政権の概念・類型に対する指摘からは，連立研究
「ヨーロッパ政治の伝統」で「古典的カテゴリー論」のみに拠ることが必ずし
も是とされてこなかったと推察できる．

　以上は「ゲーム理論の伝統」でよく用いられる古典的カテゴリー論，それに
対する批判としてのプロトタイプに基づくカテゴリー論による概念形成法を示
した．ただし，「プロトタイプに基づくカテゴリー論」への批判もある．

まず理念型とその他の類型の間に距離の関係が想定されるため，概念の外延はどこまでであるのかという点が曖昧になり易いことが問題視される（Collier / Levistky 2009）．例えば，全ての属性を軒並み含んでいない場合には確定的に大連立でないとみなせる．しかし，いつ大連立となって，いつ大連立でなくなるのかという問題が付きまとう．次に「プロトタイプに基づくカテゴリー論」が十分条件の特性に基づくため，大連立の理念型を経験的に見出せない，つまり大連立が純粋概念でしかないという懸念がある（Mckinney 1966）．三つ目は大連立のサブカテゴリーの内でどれがより有用なものであるのか，という点が事前に明らかになっていないことが方法論上の問題として提起される（Møller / Skaaning 2010）．概念属性が「論理和（＋）」で規定されるため，想定される大連立の種類の内で実際の経験分析を進める上で不要な，現実理解をむしろ妨げる類型が生じるとも考えられるのである．

以上の点から，一般的に概念・類型が十分条件だけで規定されることは稀であったという（Gerring 2012：124）．ただし経験分析での柔軟さを備えるプロトタイプカテゴリーが，古典的カテゴリーに基づく視野狭窄を解消できることも確かである．また大連立のパターンを比較する一つの意味は，同種の特徴を異なる事象の内で見出すことにある（例えば，Kropp 2010b）．

そこでは概念，その類型的特徴（属性），そして経験的にそれらを捉える指標という三つの層を想定，プロトタイプカテゴリーの考えを取り入れる試みが提起されている（Goertz 2006：27-28）．具体的にはまず，分析対象のラベルとその属性という概念レベルで古典的カテゴリーないしプロトタイプカテゴリーの考えが応用される．このいずれかの特性を踏まえて，概念属性と指標という経験レベルにおいて古典的カテゴリーないしプロトタイプカテゴリーの考えが導入されるという．もちろん分析対象（ラベル）を論理和（＋）の属性で捉えて，更には各属性の指標も代替可能性を想定するのでは，議論の相対化が進むプロトタイプカテゴリーの問題が払拭されない．だが概念・経験レベルの階層性を想定して，異なる概念の性質を組み合わせる試みは古典的カテゴリーかプロタ

イプカテゴリーかという二者択一を超えた概念形成の可能性を示すものである.

第2節　連立研究での因果の考え方

　ここまでは，大連立政権の因果関係を考察するための概念それ自体の組み立て方を検討した．これを踏まえて以下では，概念間を結びつける因果関係の特徴に光を当てることにしたい．連立研究には，次の二通りの考え方が存在してきた.

　一つ目は相関関係に基づいて因果的特徴を推論する場合である．ある事象の増減に対して，時間的に区別される異なる事象の比例・反比例という関係において因果性が検討される．連立研究では例えば，有効政党数が増えるほど政権の規模が大きくなるという議論がある（Taagepera 2002）．この「X がより増える／減ると，Y がより増える／減る」という前提を伴って，統計学的な背景の下で以下の特徴が指摘される（Gerring 2012：220-224）．まず取り扱うある一つの条件が他の条件の影響を抜きにして，独立してある結果にどれほど影響を及ぼすのかが主な関心事となる．そして，その効果については概して平均から算出されることになる．ここにおいて，取り扱う更なる独立変数群とはその条件に付与される形で統合的に勘案されていく（Abbott 1988）.

　この結果，A と B の二条件が勘案されるならば，A と B の独立した効果を検討した上で三つ目に A と B の交互作用項が付加的に考慮される．そして A, B，C の三条件ならば，それは個々の独立した効果，続いて各二条件間での交互作用項，そして三条件の交互作用項という 7 条件が検討されることになる（Jaccard / Turrisi 2003）．連立研究では特に「ゲーム理論の伝統」において，こうした関係性を据えて各条件の効果に関心を寄せた分析が行われてきた（Glasgow / Golder 2015 を参照）．例えば，行為者である政党（A）と制度（B），その交互作用項が政権の規模へ及ぼす効果について検討した分析を挙げることができる（Ganghof 2010）．この分析は A と B の条件の各々独立した影響を確認し

た上で，その二条件の交互作用項がより大きい政権になることへ無視できない効果をもつことについて確認している．

　二つ目に集合関係に基づいて因果を考察する場合について挙げることができる（例えば，Ragin 1987 ; Ragin 2008 : 6-10）．ここでは，ある事象の存在の有無と時間的に区別される異なる事象の有無の間において因果性が検討される（implicative, Thiem *et al.* 2016）．この「Xが在る／無いならば，Yが生起する／しない」という前提の下では，各説明条件が必要性・十分性という観点から，どれほど結果に対して整合的か勘案される（Ragin 2009）．そして，この整合性は相関関係におけるデータ分布と異なる形状で確認される．例えば，必要条件ならば「Xがない時にYが生じている」，十分条件では「Xがある時にYが生じていない」というデータ分布を許さない．XYの二次元空間では，それぞれの論理学的命題の特徴に沿ったデータ分布が想定されるのである（Goertz / Mahoney 2012を参照）．

　こうした集合関係に基づく因果の考察では，結果に対する必要性と十分性について，いわば全体論的な視点から検討する[6]．連立研究では例えば，中東欧の連立形成メカニズムでA（公職追求の条件），B（政策追求の条件），C（制度的な条件）という三条件が働くか分析されている．そこではBとCが個々においては十分条件ではないという結果が出ている（Niikawa 2018）．しかし，この結果では同時にA*B，そしてA*Cといった形で条件が結合している場合には，BとCが結果に対する十分条件になると指摘されている．こうしたA*B＋A*Cと表現可能な二つの異なる条件群が同じ結果を引き出す特徴は，「等結果性（equifinality, Berg-Schlosser *et al.* 2009 : 8）」と呼ばれる．

　また，この組み合わせ効果では同じ条件が他の条件と結びつくことで全く異なる結果を引き起こす，いわゆる「多重結果性（multifinality, Schneider / Wagemann 2012 : 329）」も想定している．連立研究では例えば，野党の連合戦略を通じて成立する少数政権の条件配列の分析が行われている．具体的には，A（選挙の決定性）とB（議会での強い影響力）という二条件が存在する，つまりA*Bと

表記可能な組み合わせの場合に少数政権が成立するという仮説が提起されている（Strøm 1990：90）．そしてこの配列と異なり，条件 A が 〜B（議会での弱い影響力）と結びつく時は，むしろ対決・競争的な野党の戦略が生じるという条件 A の多重結果性について示されている．

　十分条件と必要条件の考え方は，正の結果と負の結果の双方に推論する際のユニークさとも関わってくる（conjunction, Braumoeller 2014）．相関関係に基づく因果的な考察では，仮説レベルでは，A と B の交互作用項が正の結果に影響を及ぼす場合，同時に A と B の交互作用項が負の結果に対しても影響を及ぼすと考えられて分析が進む．「X がより増える／減ると，Y がより増える／減る」という正負の二方向の因果を想定しているといえよう（更なる考察は，Brambor *et al.* 2006）．

　これに対して集合関係に基づく考察では，類似した考察をできるのは必要十分条件の場合のみとなる．ただし，その特徴は相関に基づく因果的な推論と全く同質的とはいえない．この点について以下では例を挙げて考えてみる．連立研究では，政権内のジュニアパートナーに分ける閣僚ポストに関する「法則（Gamson 1961）」について提起されている．具体的には A（連立政権），B（ジュニアパートナーの占有議席が多い）という条件下では閣僚ポストの他への配分が生じて，その分配は同時に多いものにもなるという．この A と B の条件が結びつく，A*B と表現できる式は閣僚ポスト分配という結果に対する必要十分条件とみなしうる（Rohlfing 2012：55）．

　この必要十分条件の命題からは，とある原因の成否が正と負の結果に影響を及ぼすと想定するため，以下の命題も同時に立てることができる．それは，〜A（単独政権の樹立）ないし 〜B（ジュニアパートナーの占有議席が少ない）という条件の下で，閣僚ポスト配分が無いもしくは少なくなるという予測である．この例は因果関係が対称的に規定されることを示すものだが，相関関係での対称性とは異なる特性も見えてくる．それは A*B という相互作用が正の結果へ，〜A ＋ 〜B という個々の否定条件がそれぞれ負の結果へ影響を及ぼすという異

なる予測が立つ特性である（ド・モルガンの法則，Schneider / Wagemann 2012：49-51）．

　必要十分条件を想定しない場合，条件配列のみならず，推論する因果関係それ自体も変化することになる．例えば，連立政権の樹立に向けて政党間の話し合いは常である（例えば，Kropp / Strum 1998：88）．これは交渉なくして連立政権の実現はないという考えに基づいて，A（政党間交渉）が連立政権という結果の必要条件とみなせる．ここにおいて ～A（政党間交渉がない）という条件は，単独政権という否定の結果に対する十分条件となる．これは交渉がない場合に連立政権が成立することは考えられない一方で，交渉があった場合に結果的に単独政権が成立するとは想定可能なためである．ここでの例はAが結果に対する必要条件である場合に，その否定である ～Aが否定の結果に対する十分条件になるという因果関係の特徴の違い（非対称性）を示すものである[7)]．

　以上から集合関係に基づく考察では，ある結果を起点に応用的にその裏側（否定）の結果も捉える．その際にはある結果の必要条件＝上位集合，十分条件＝下位集合のように全体論的観点からその原因条件群を考える特徴を浮き彫りにした．このように原因条件を考えていく方針は，連立研究「ヨーロッパ政治の伝統」に主に内在してきたと考えられる（例えば，Bäck / Dumont 2006；Kreudel-Kaiser 2014）．ただし，この研究伝統は経験分析を起点としてきたために，「ゲーム理論の伝統」と比べて分析方針に統一性がなかったという（Laver / Budge 1992）．そこでは経験分析において，因果の存在論的前提が常に明示的ではなかったと推察できる．

　しかし，この集合関係に基づく考察を行うことは連立研究にとって有益であると考えている．まずは理論上の問題である．近年，「ゲーム理論の伝統」，「ヨーロッパ政治の伝統」のそれぞれの接近法から引き出された仮説を相関に基づく因果の推論を前提として検討する試みが見られる（Dumont *et al.* 2011）．だが，この分析でも理論・モデルは経験レベルの半分以下の政権しか説明できていないという問題が残り続けている（Martin / Stevenson 2001；Lijphart 2012：

80)．こうした複雑怪奇な政党間の連合戦略を説明するために，説明条件間の相互作用へ注目することが促されている（例えば，Mitchell / Nyblade 2008：233；Bowler *et al.* 2016）．そこでは各条件を独立したものと捉えて検討するのでなく，集合関係の因果を想定，全体論的な視点から大連立の因果の複雑さを検討する余地があると考える[8]．

この複雑さの解明と関係して二点目に，方法論上の問題を挙げることができる．本章では「ゲーム理論の伝統」にせよ，「ヨーロッパ政治の伝統」にせよ，その概念形成法は必要条件，十分条件という考えに規定されうると指摘した．ここで概念を因果的に結びつける際の複雑さを考える時にも，「ある／ない」という集合関係の方が，「増える／減る」相関関係に基づくより拡張的な考え方を要さないと考える．これは，あらゆる分析は「ある／ない」という質の問題なくして量の問題へ転化できないという議論に基づく（Sartori 2009a：76-80；Mair 2008：183-185）．

第3節　連立分析の認識論的な前提

本節では，概念・因果にまつわる認識的な前提へ光を当てる．連立分析を含めて，概念・因果の「ある／ない」という前提を想定した接近法は問題があるのではないかと提起されている．これは，分析に決定論的な考えが入り込んでいるという点に起因する（例えば，Gerring 2012：351 を参照）．経験的観測を行った後，その事象とそれにまつわる規則性の確率を考慮せずに，ある結果があった（1），なかった（0）と推論するのは厳しすぎる前提に立っていると考えられるのである（例えば，Goldthorpe 1997；Paine 2016）．

この問題は経験分析を進める上で，概念・因果の存在論的なレベルというよりも，認識論的なレベルで大きな問題になる[9]．不確実さ，ランダムさと名付けられる事象の潜在的問題を経験的な概念・因果の認識に際して無視することはできない．そこでは一つの対処法として，ある事象が経験的に生じるのか否か

0から1の間で分布する確率の理論を導入することが求められる．

　この事象が生起するかどうかの問題は，連立研究の中でも取り分けゲーム理論の伝統で深刻な問題として取り扱われてきた．具体的には母集団とされる概念・因果を無限に至るまで増加する事例の頻度から問う，いわゆる客観確率の考えを拠り所にしてきたことを見いだせる（例えば，Strøm *et al.* 2008：33）．こうした特徴からは更に，この研究伝統が概念・因果の認識のために本質的に2つ以上の事例の分析を要してきたとも述べることができる．なぜなら，連立にまつわる一つのケースを観測しただけでは，そこで問われる概念・因果の真実らしさについて，想定される確率的な考え方では判別困難になるためである．

　この観測事例の潜在的な問題（uncertainty）と並行して，曖昧さと呼ばれる事象の実際的な認識問題（vagueness）を挙げることができる．そこでは，ある事象がどれぐらい生じていると考えられるのか，0から1の間で分布するファジィ集合の考えが求められる（Mendel 2001）．この曖昧さと不確かさに関する認識的相違について例えば，確率での0.01とは極右・極左など反体制党との政権協力が未だ生じうるとみなされる．その一方で，ファジィ集合の0.01の値とはそうした反体制党との連立政権を見通しえないと解される（Schneider / Wagemann 2012：30-31）．

　この曖昧さは，経験分析に端を発するヨーロッパ政治の伝統において考慮されてきた点であっただろう．帰納的分析を特徴とするこの研究伝統では二つ以上の事例間の分析よりも事例内の分析が主な関心事であった（Müller / Strøm 2000）．ここで積極的に用いられる事例内分析の実施とは言い換えれば，概念認識のために必要となる観測数が根源的には1つであることを意味している．そこでは経験的観測における決定論的認識を退けるために，概念認識において0から1で推移する曖昧さが念頭におかれていたと考えられる（Mikkelsen 2015a も参照）．

　ただし，このヨーロッパ政治の伝統に見る最小の観測数は概念認識で求められるものであって，因果認識での最小観測数であるとは一概にはいえない．ヨ

ーロッパ政治の伝統の主な関心事であった単一事例の分析でも，方法論上，ゲーム理論の伝統と同様に2つ以上の事例を想定していることが推奨される（Mahoney *et al.* 2013）．これは現実の多面的解釈が可能である中，ある因果的な特徴を認識する作業とは差異を見つけ出すことで円滑に進むと考えられることに起因する[10]．

　ここにおいて，単一事例内と二つ以上の事例間の分析は互いに補完であるという前提がヨーロッパ政治の伝統で課せられていると考える．ただし，事例内と事例間の分析が段階的に求められる結果，ヨーロッパ政治の伝統において分析レベルの間でのトレード・オフ問題がより深刻となる．これは因果認識のために適切な事例がより多く求められるほど，当初の事例内分析との両立が困難になっていくためである[11]．

　この問題に対しては確かに，事例間分析で因果認識を行い，その後に事例内分析へ立ち戻るという試みを見出せる（連立研究では例えば，Bäck / Dumont 2007）[12]．だが，この事例内分析の位置づけを逆転させた手法は未だ議論の多いものである．例えば二つの分析の順序が逆になるため，概念・因果の認識論的混同を引き起こす危険性を抱えていると批判される（方法論的には，Ahram / Sil 2012；Ahram 2013；連立研究では Bäck 2012：935）．また存在論的に規定される因果のある特性を事前に行う事例間レベルの分析で想定できても，その後の事例内レベルの分析でも同じように想定できるのか問題視されている（Chatterjee 2011）．

　連立研究「ヨーロッパ政治の伝統」の内での試みとは，最小観測数を2としてきた「ゲーム理論の伝統」に対して最小数が1になりうると提起した点で評価できるだろう（Buzogány / Kropp 2013：288 も参照）．もちろん事例内と事例間レベルの緊張関係は，その本質において解消されたわけでない．しかし，この問題を差し引いてもなお，曖昧さという概念・因果の認識論的前提は連立研究にとって魅力的なものである．

　その理由は，政党間の連合戦略が高度に文脈に依拠した問題であり，実際的に起こった出来事の認識それ自体が常に問われることに起因する（Linhart 2013

も参照）．この時，母集団とされる普遍的な政権成立の概念・因果を（Strøm *et al.* 2008 : 34），二から無限に至るまで増加する事例の頻度から確率的に問うことが最適戦略とはいい難いのである．むしろ文脈を理解した上での因果認識が，連合理論に無視できない影響を持つとされている（例えば，Pridham 1986）．そこでは１と０の間の不確実さを客観的に考える前に，１と０の間の実際の曖昧さを捉えるという前提を採用するかどうかが連立分析で問題視されるべきだろう．

　ただし連立研究では，技術的理由から非決定論的な問題の多くを体系的に取り扱うことは未だ実用段階に至っていない．例えば，事象が顕現しているという認識的な振れ幅を捉えるタイプ２のファジィ集合は曖昧さをより突き詰めて考える上で有効な手段と提起されている（Mendel 2007 ; Mendel *et al.* 2014）．だが，この手法は未だ方法論的な議論に留まっており，経験分析への応用は進んでいない（Korjani / Mendel 2014）．

　また，認識する事象の０から１の間で分布する程度を捉えるタイプ１のファジィ集合において確率の考えを応用する試みもある（Ragin 2000 : 226-229 ; Goertz *et al.* 2013）．そこでは客観確率というよりは主観確率に依拠する，いわゆるベイズ推定との結びつきも期待される．だが，こうした曖昧さと不確実さの双方を体系的に考慮する分析も方法論的議論を超えるものでなく，経験分析への応用に向けた道のりは未だ整備中である[14]．

　最後に，あるなしという二元論からその値のファジィ化，確率化について検討していく際に，二値ではなく多値でそれらを検討することも考えられる．確かに，多値の集合に関する分析手法は既に提起されている（Cronqvist 2009）．だが二値の分析との統合に向けた方法論的基盤で未だ議論があり，そのファジィ化や確率化といった議論は理論の域を超えるものでないのが現状である（例えば，Schneider / Wagemann 2012 : 255-262 ; Thiem 2014）．

第4節　大連立の分析に向けて

　本章では，連立研究に見出せる二つの研究伝統の考え方を浮き彫りにした．一方の「ゲーム理論の伝統」では以下の分析傾向を見出せた．それは「古典的カテゴリー論」に依拠した制約的な概念形成，相関に基づく個別の因果，そして不確実さを考慮した方法を主流にしてきたという傾向である．これに比べて「ヨーロッパ政治の伝統」では，存在論的な前提で一貫した特徴を見出し難い．それは，「古典的カテゴリー論」だけでなく「プロトタイプに基づくカテゴリー論」からの包括的な概念形成が行われる場合もあり，更には必ずしも相関関係に基づく因果の考察を考えていなかったという点から見て取れる．こうした概念・因果の存在論的前提の柔軟さは，曖昧さを考慮しつつ根源的に一事例から経験分析を始める「ヨーロッパ政治の伝統」の特徴といえるだろう．

　二つの研究伝統では，分析概念・因果性を含む理論・それを裏付ける方法という三つに見られる特徴をユニークな形で結び付けてきた．こうした三つの特徴・価値から構成されるネットワーク（伝統）では一般的に，その三者の組み合わせの変化を通じて研究の一展開が進んだとみなされる（方法論的には，Laudan 1984）．より突き詰めれば，分析概念・理論・方法の三つがすべて新しいものへと変化した時に，いわゆる「パラダイム転換（Kuhn 1962）」が起こったと考えられるのである．

　これを踏まえた時，「ゲーム理論の伝統」の価値ネットワークは一貫していたが故に，連立分析の刷新を生みにくくしていたと捉え直せる．他方で「ヨーロッパ政治の伝統」の存在論的なレベルでの柔軟性は，何が連立分析の新しい刷新であるのかを明らかにし辛くしてきたとみなせる（Kuhn / Rohlfing 2016 も参照）．連立研究全体としては「ゲーム理論の伝統」で一貫した分析軸が示されていた一方，その対立軸が実は明示的でなかったといえよう[15]．

　この方法論的多元性に関わる問題から，以下の分析方針を固めることが意味

をもつと考えている．それは「プロトタイプに基づくカテゴリー論」による包括的概念，集合関係に基づく因果，そして，それについて曖昧さを考慮して分析するという方針である．これは「古典的カテゴリー論」による制約的概念，相関に基づく個別の因果，そして不確実さを考慮して分析するという方針と対照的である（更なる可能性は，新川 2017a を参照）．「ゲーム理論の伝統」がその分析方針上，個々の概念の存在可能性を経験的に問うてきたものとするならば，ここで採用する方針は経験的総体から概念の存在可能性を問うものと対比できる．また，こうした研究方針は「ヨーロッパ政治の伝統」で混在してきた存在論的前提の一つをくみ取るものである．そこでは方法論的な乱雑さに整理がついて，連立研究の刷新に貢献できる具体的な選択肢を増やすことにつながるとも考えている．

注
1） 本書ではモデルを組み上げる概念について，自然言語における概念と区別しているが，それとの連続性を否定しない（Taylor 2010：Ch. 2-4, Lakoff 2014；Goodwin / Johnson-Laird 2013 を参照）．なお，ここでの「古典的カテゴリー論」と「プロトタイプに基づくカテゴリー論」の表現は鷲見（2013）を参照にした．

2） この表現の仕方は，「＊」，「∧」，「∩」などブール代数系，論理学，集合論によって異なってくる．しかし，その本質は同じであり，それぞれでの命題が真であるならば他においても命題は真となる（Mendel 2001：51）．

3） 議会多数派の支持を得ている政権か否かは，議院内閣制における政権の特徴を規定する上で必要十分なものとなる．これに対して一つの政党が政権に就くのか，それとも連立して政権に就くのかという属性は政権の特徴を捉えるために必要なものでない．というのも，政党がそもそも存在しない場合を想定できるためである（non-partisan systems, Clark *et al.* 2013：Ch. 14）．以上から単独政権，連立政権という概念・類型は，多数派政権と少数政権の下位概念・類型として位置づけている．

4） 文脈によっていくつかの代替的な必要条件が価値をもつことも可能かもしれない（例えば，Thiem / Duşa 2013a：33-35）．ただし，この場合でもどれがより概念の本質に近いものであるのかという比較優位の議論を避けることはできない．

5） この概念形成法でも，どの程度その属性が含まれているのかというファジィ集合の特徴，更には上位概念と下位概念の間に蓄積的な特徴を付与できる．

28 第Ⅰ部 大連立政権で考えるべきこと

6) 従来の統計学の手法（回帰分析）とは異なるアルゴリズムが用いられる．条件の数
（k）に基づいて全ての相互作用，つまり 2^K の組み合わせを勘案する真理表に基づく
分析はその一例である（Thiem / Dusa 2013b；Baumgartner 2015 も参照）．

7) ここでは必要条件に関する例を挙げていたが，十分条件に関する命題でも適応でき
る．ある原因がある結果の十分条件である場合，その原因の否定はある負の結果にと
っての必要条件になる．

8) 相関に基づく因果関係の考察からも複雑さを検討できるかもしれないが，そこでは
概して設定する条件の数が問題となる（Braumoeller 2003；Fiss et al. 2013 も参照）．
これに対して，集合関係に基づく因果では条件の様々な組み合わせが第一に検討され
る．また概念の対称性も事前に想定されるわけでない．こうした考えは，因果関係の
複雑さを精緻に分析する可能性について示している（更なる提起として，Hino
2009；Schneider / Wagemann 2012：264-274；Baumgartner 2015）．

9) ここでは概念・因果の存在論的なレベルでの決定性，非決定性について論じること
はない．この議論では，そもそも概念・因果が規則的に存在しうるかどうかが一つの
論点になる（Berg-Schlosser 2009：436-438；Moses / Knutsen 2012）．この議論を踏
まえた上で，概念・因果は決定的に働きうるのかという議論が積み上げられる（Go-
ertz 2006；Beach / Pedersen 2016）．本書では，こうした分析の根源的前提に関する
考察を行うことはない．

10) 例え一事例しか観測していなくとも，反実仮想の使用を通じた二つ以上の事例を想
定することが推奨される（Woodward 2011；Rohlfing 2015）．しかし，ここでは概
念・因果の認識論的な前提のみに焦点を絞るため，これ以上の手続き上の議論へ立ち
入ることはない．

11) 事例間レベルで概念認識，因果認識の双方を試みる場合，事例内分析とはむしろ追
加的な情報を得るためのものでしかないとも指摘される（Gerring 2008）．

12) この方法は，「幅広く深い理解，確証という広範な目的のため，定性的，定量的な研
究の接近法の要素を結びつける研究」（Johnson et al. 2007：123）と広義には特徴づ
けられる．ここでは，あくまでも因果関係を認識するための手段として，この方法に
ついて言及している（Teddlie / Tashakkori 2006；Creswell 2010 を参照）．

13) 主観確率に依拠した分析では，事例がどれほど存在するのかではなく，どれほど重
要な事例によって実証されているのかという点が問題となる（Lee / Wagenmakers
2013；Beach / Pedersen 2013：Ch. 6）．

14) この不確かさの考慮という点は，「第一種誤謬」に関する問題とも関係してくる（例
えば，Krogslund et al. 2015）．この点に対しては，曖昧さを前提とした分析でも不確
かさをくみ取りうるという提言がある（例えば，Braumoeller 2015）．だが，いかに曖

第二章　大連立を分析する上での問題　*29*

味さと不確かさの双方を考慮した分析が可能になるか．この点は，集合論に基づく分析の特性，頻度主義とベイズ主義の違いなども統合的に検討した上でテーマとなるべきだろう（Rohlfing / Schneider 2014：29）．

15)　この分析視角の1.5元性ともいうべき問題は，根源的には連立研究が合理的選択論と呼ばれる理論体系を出発点としたことに起因する．ただし，この出発点だけでは，なぜ連立研究で二つの異なる分析方針が生まれていったのかについて説明できない．この点は第四章で詳しく取り扱う．

第Ⅱ部　大連立政権はいかに成立するのか

第三章　大連立の特徴

　本章では大連立の分析上の特徴を明確にする．まず大連立と関わりのある概念の関係図を示した上で，その相対的な特徴を他の種の政権と比較して確認する．その後，大連立に内在している固有の特徴へ光を当てて，観測する事例がどのように大連立か否かへ分類されるのかについて検討する．以上を通じて最後に大連立について問う本書の分析の特徴を明示する．

第1節　大連立の階層的特徴

　大連立について国際比較する際には，議会多数派を形成するのに余分となる党を一つ以上含む政権という指標が用いられてきた（例えば，Gallaher *et al.* 2005）．ただし，この定義は大連立と関連する政権を捉え損ねることになる．極端な例を挙げるならば，議席を半分ずつ分け合っている二大政党の間での連立，つまりオール与党の政権がこの定義だと幅広い合意を取り付けていないことになる．

　大連立の種類，更には程度の問題があるため，単純に大連立らしい観測事例をやみくもに挙げるだけでは，概念の体系的な把握に至るのは難しい．そこでは概念理解の近道として大連立の上位概念「合意型」の政権に着目できる（Lijphart 2012：33-34）．この種の政権は政党間協力というミクロ・レベルの事象を超え，よりマクロ・レベルの特徴である政治様式と深いかかわりを持つとされる．具体的には第1章でも触れた交渉・合意型と呼ばれる政治スタイルで，対

決・競争型と対をなすものとして提唱されている．そして，交渉・合意してい
るとみなせる要素ないしはそれを促すと考えられる要素が交渉・合意型の政治
様式を作り上げるという（Lijpahrt 2012：242-244）．例えば連邦制，二院制，比
例代表制の選挙制度などフォーマルな制度，多党制，利益集団の協働など行為
者間の関係によって作り上げられる構造的要素が挙げられている[2]．ここにおい
て大連立も，交渉・合意型の政治スタイルを形作る一要素と解されてきた
（Ganghof 2010：679-680）．

　ただし合意型の政権という概念は大連立とイコールでない．この概念は二つ
のパターンに細分化できる．それは公的な協力を取り付けている，ないし公的
な協力を取り付けていないという区分である．前者のパターンは，幅広い連立
を形成して共に政権へ参画するフィンランドでの例に見出せる．対して後者の
パターンは，スウェーデンにおいて野党と協力しながら政権を運営していた例
を挙げることができる．これらは確かに，他党と協力せずに政権運営を担うこ
とに比べて合意志向である．だが政権参画する政党間の固定的協力か，参画し
ていない政党と柔軟に協力するのかという差異は無視できない（Pehle 2002 も参
照）．この違いから，大連立とは公的な協力を伴う場合を指し示すといえよう．

　なお合意型の政権の特徴は，対である対決・競争型における政権のあり方も
同様に説明できる（Goertz 2006：82 も参照）．そこでは対決・競争しているとみ
なせる要素，ないしそれを促すと考えられる要素が対決・競争型の政治様式を
形づくると指摘されている（Lijphart 2012：Ch. 2）．例えば中央集権的であるこ
と，一院制，小選挙区制の選挙制度などの制度的要素，そして二大政党制，利益
集団の競合などの構造的要素が挙げられる．その内で，議会過半数をわずかに
上回る一党による単独政権の成立が対決・競争の要素に含まれる（Ibid.：10-12）．
なお，この競争型の政権は，対決・競争型と交渉・合意型という上位概念の対
称性に基づき，公的な協力の有無という政権パターンの細分化を可能とする．
そこでは公的な協力を伴わない政権のみならず，公的な協力を伴う政権も対
決・競争型の下で想定できる．

第2節　他の政権パターンとの違い

前節では対決・競争型と交渉・合意型の下にある四つの政権パターンを確認した．本節ではそれらの間での違いを浮き彫りにして，大連立の相対的な特徴を明示化する．ここでは，四つの政権パターンにおける与野党含めた政党間での合意の程度から考える[3]．

まずは与野党含めた政党間での意見の一致を必ずしも求めない，対決・競争型で想定される二種類の政権パターンに目を向ける．そこでは1990年代以前のニュージーランドにおける単独多数派政権のような，公的な協力を伴わないケースで政党間合意の度合いが最も低くなる．というのも，この政権を成立させるために理論上では与野党が共に議会に居合わせるという最低限の一致しか必要としないためである[4]．これに比べれば，イギリス2010年に成立した連立政権の場合は政党間での合意の程度が高い．これは，政権を求めて競い合うことを促す要素も対決・競争型の政治を構成しているという前提に起因する（例えば，Flinders 2010）．この競争が促される環境の下で，妥協を明示的に強いられる政権は政党間での合意の程度が公的な協力を伴わない場合よりも高くなるだろう（Paun 2011）．

対決・競争型での政権の在り方と比べて，政党間交渉を重んじる異なる類の政権は与野党含めた合意の度合いがより高くなる．この点は，先のニュージーランドやイギリスの例と比べて，交渉を促す制度・構造的要素を背景に合意型の政権が成立することから推察できる．ただし，公的な協力をとり付けているか否かという区分は対決・競争型の下での政権とは別の意味をもつのではないだろうか．それを考える上で，中欧諸国での連立政権は好例である（Lehmbruch 1996 を参照）．ここでの公的な協力を伴う政権とは，各政党が他の政党に政権運営を任せることができないという不信任に特徴づけられる（Kropp/Strum 1998：26-27）．オーストリアに見る連立政権内における政党間のチェック

アンドバランスの関係が分かりやすいかもしれない（Bereichsopposition, Müller 1993）.

　対して，北欧諸国でみいだせる少数政権を一例に，公的な協力を伴わない合意型の政権のケースは政党間の相互信任によって成り立っているとされる（Luebbert 1986：68 も参照）．効率的な少数政権の運営を進めるためには込み入った交渉・合意の仕方が求められて，同時にどの党が与党でどの党が野党であるのかについても曖昧になる（Andeweg 2013）．ここまで挙げてきた政権パターンに比べて，与野党間の摩擦を減らす力学が公的な協力を伴わない交渉・合意型の政権において最も働くと考えられる（Ganghof 2015 も参照）．

　以上では，対決・競争型および交渉・合意型における政権の（与野党含めた）合意の程度に考察を加えた．これは，従来の研究で提唱されてきた単独政権から少数政権に至るまでの合意の程度の連続性を再確認したともみなせる（例えば，Schniewind 2008：126-127）.

　しかし従来の試みには限界もあった．例えば，少数政権とは一元的に合意型ないし競争型の政権へ分類できるのだろうか．また連立政権とはいつ合意型になって，いつ競争型とみなされるようになるのか（例えば，Taagepera 2003；Lijphart 2012：80）．ここにおいて，（連立）政権が議会の多数派か否かのみならず，議会での更なる特徴も検討する余地が残されている（Cheibub *et al.* 2004）．ただし大連立政権のみならず，少数政権だが議会では大連立といったパターンの比較分析は進んでいないのが現状である．そのため，本書は大まかに四つの政権パターンとそれぞれを生起させる様々な経路を想定しつつ，その一部を経験的に問う作業に留まる．本章の第五節でも改めて取り上げるが，ここではまず大連立政権にまつわる概念の整理をしておく（以下の図 3 - 1 を参照）.

　図 3 - 1 は民主主義という概念を最上位に据えた時の各種政権の位置づけを示した．もちろん，民主主義という概念は高次の複雑な概念である（Schneider / Eberlein 2015）．また民主主義という上位概念から規定される，対決・競争型と交渉・合意型という政治様式は理念型としての提起であり，それぞれの種類

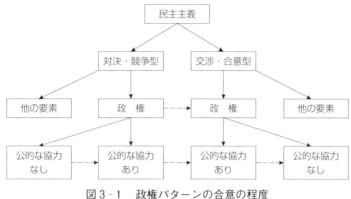

図3-1　政権パターンの合意の程度
出典：筆者作成.

と程度について想定されるべきである．だがここでは，対決・競争型と交渉・合意型を構成する政権パターンの基本的特徴について抽出することを目的として議論を単純化した．これらを前提にして，対決・競争型と交渉・合意型の政権，それぞれの下位類型で見出せる与野党含めた合意の程度について図で可視化している．具体的には破線によって，大連立を指す公的な協力を伴う合意型が三番目に高い合意を取り付ける政権になることを示している．[5]

第3節　大連立の含んでいる内容

大連立の相対的な位置づけを確認してきたものの，その中身は十分議論されていない．本節では，公的な協力を伴う合意型（大連立）を中心に据えて議論を進める．

本書ではA.レイプハルトの定義に則って大連立を，「幅広い協力を伴って行政府を主要な政党間で分掌している政権（Lijphart 2012:33)」と特徴づける．この定義には社会，議会，政権という三つのレベルで大連立の特徴があることを見てとれる．まず社会レベルでの意味は，「主要な政党による政権」という特徴と関係している．具体的には，社会に内在する異なる意見集団の構成を反

映する政権という特徴である[6]．この点については，典型例としてオランダでプロテスタント・カトリック，社会民主主義，自由主義という意見が政権で反映されてきたことを引き合いにだせる（『多極共存』，Lijphart 1975）．

次に議会レベルでの機能は，「幅広い協力を伴った政権」という文言にみいだせる．そこでは，議会で大多数の支持を得ながら政治運営を行っている政権という特徴がある（Haas 2007：19）．この点については，ドイツの議会でより影響力をもつジュニアパートナーと連立しているかどうかで大小に区別されてきたことが好例である．二大政党の連立は「大連立」，二大政党がそれぞれ小党と連立する様が「小連立」と区別して呼称されてきた．

最後に政権内部レベルでの機能は，「(権力を) 分掌している政権」という点から引き出せる．そこでは一党の独断による意思決定というよりは，多くの政党間での交渉を通じた意思決定が想定される（Lehmbruch 1992：208）．例えばオーストリアでは二大政党が連立して政権につき，両者の争点を顕在化させるのではなく，合議により対立的争点の解決を図っていたという．

大連立に対する記述を手掛かりにして，① 政権レベルでより多くの政党間の交渉が行われること，② 議会レベルで大多数の支持を得ていること，③ 社会レベルでの様々な意見を反映していること，という三つの機能を浮き彫りにできる．なお，この三つの特徴は独立して代替的に大連立の意味をなすと事前に想定していない．これは，大連立の三つの属性が有機的に結びつきうることに起因する．その例はスイスの「マジック・フォーミュラー」と呼ばれる政権である．このスイスでの政党連合は，上述の三つの特徴を満たす大連立の理念型とみなされてきたのである（例えば，Lehmbruch 1967；Vatter 2016）．

第4節　大連立の分類の仕方

本節では，いかに観測事例が整理されうるのかを検討する．大連立は公的な協力を伴うため，とある政権が議会多数派を掌握できており，かつ政党間の連

立を土台にしているという基準から検討できるかもしれない[7]．しかし，この分類では議会の過半数を掌握している全ての連立政権が一律に大連立と見なされることになる．この点を踏まえると先に示した政権，議会，社会レベルの三つの特徴が観測できる政権にどれほど含まれているのかという点が問題となる．

ただし，先に規定した各レベルの特徴を十全に含むスイスのような事例は少ない．というのも，概念に含まれる意味が多いほど，指し示めせる事例は限定されるためである（Goertz 2006）．ついては大連立を考えるにあたって，内包される特徴が少ないことを前提とした二次的な類型が役に立つ．これによって，理念型に該当しないものの大連立に近いとみなされる事例をよく整理できる．なお，この大連立の二次的類型とは一つでないだろう．また大連立の多様性を正確に捉える分類基準とは，大連立の把握にとって必要なものというよりは十分なものとして特徴づけられるはずである（Ibid.：50-53）．

ここまでの議論をまとめると，事例は次のように整理される．まずは，大連立を規定する三つの意味が背景に位置する．二つ目に，大連立の意味を十分に内包しているとみなせる理念型が経験的な指標を通じて特定される．そして，この理念型を基にしつつ，内包の少ない二次的な類型が大連立とみなせる事例を整理していく．ここまで述べてきた大連立の意味，理念型，二次的な類型の関係は図3-2のようになる．

図3-2は，大連立政権の分類手続きを図示したものである．図の上部にある政権，議会，社会の三つの意味から伸びる二本の実線は，大連立の意味によって経験的な分類方法（理念型と二次的類型）が具体的に規定されることを示す．そして理念型から伸びる点線は背景にある意味への抽象化，つまり概念レベルでの意味の規定を示している．最後に理念型から二次的な類型へ伸びる一点鎖線は，概念のカバーする事例を広げる過程，いいかえれば一般化の過程を示している[8]．

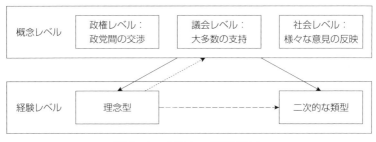

図3-2　大連立の分類手続き

出典：筆者作成．

第5節　大連立のもっている分析視座

以上の節では，大連立が分析概念としていかなる特徴をもつのかについて検討した．これを踏まえて最後に，本書が大連立について問うにあたって含まれる分析視座を明示化する．

1　政治様式との結びつき

大連立とは政権・議会・社会レベルの意味を内包しており，幅広い協力を伴って行政府を主要な政党間で分掌している政権と特徴づけられた．そして，この特徴は政党間で交渉・合意がなされていることを示す一つの要素とみなされる．大連立を問うことは，交渉から合意へと達する行為者（政党，政治家）の行動原理を問うことにつながるといえよう．

他方で大連立とは，交渉・合意型の政治を特徴づける制度・構造的な要素の一つとして位置づけられていた．その結果，この政権について問うことは，何が交渉・合意型の政治様式を形づくるものであるのかについて問うことへつながってくる．交渉・合意型における一要素とみなされてきた大連立，それを促す制度・構造的な要因とは交渉・合意型の政治様式を形作る上で関係深いと考えられるのである．

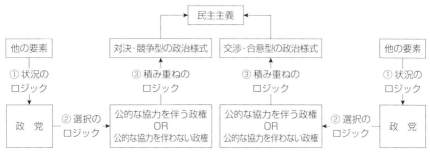

図3-3　政権パターンと政治様式

出典：筆者作成.

　以上から大連立に対する問いが行為者に目を向けるだけでなく，同時に交渉・合意を促す制度・構造にも考察を加えるという特徴を持つ．しかし，この二つの並列した視点は従来の議論では混同されていた (Schmidt 2015：43)．制度・構造と行為者の行動という二つの視点を混同させないため，本書では二つの分析レベルを設ける．具体的には，制度・構造的条件をマクロ・レベルに，行為者の行動・結果をミクロ・レベルに位置づける．そして，このマクロとミクロの視点を連続的につなげる三つのロジックを想定する (Coleman 1990)．

　具体的には次のようになる．[9] まず交渉・合意型の構成要素となる制度・構造的な要因が，政権を作る政党に「① 状況のロジック」を与える．次に，この影響を受けた意思決定者（政党）の「② 選択のロジック」を通じて，公的な協力を伴った政権（大連立）が成立するという行動結果を期待できる．そして最後に，この大連立の実践である「③ 積み重ねのロジック」を通じて交渉・合意型の政治様式が形作られる．この行為者の行動と制度・構造という二つの視点を統合する枠組みは，より一般的には図3-3のようになる．

　図3-3は，大連立にまつわる諸概念の中に政党という行為者を位置づけ，順序立てて結びつけたものである．そこでは政党間の交渉を促す制度・構造を通じて公的な協力を伴う，ないし伴わない政権が選ばれて，それが合意型の政治様式を体現することについて示している．そして，この分析枠組みは交渉・

合意型と対決・競争型という概念の対称性から，図3-3のように対決・競争型の政権においても当てはめられる．

2　政治様式のパターン化

　大連立のみが成立して交渉・合意型の政治様式が形作られると想定できるかもしれない．だが，実際にこうしたパターンを見出すことは困難であるだろう．これは政治様式の混合・収斂という議論と関わる（例えばPoguntke / Webb 2005 ; Vatter, *et al.* 2014）．ついては，複数の政権パターンの組み合わせから生まれる多様な政治スタイルを想定すべきである．そこではまず，各種政権パターンに基づく全16通りの可能性を示す（表3-1を参照）．

　表3-1では全16通りの政権パターンの組み合わせについて，ウェストミンスター型（W），北欧型（N），スイス型（S）という三つのカテゴリーに落とし込んだ．この分類は交渉・合意型と対決・競争型のスキーマの下，各国の制度・構造を一括分析した研究で摘出される四グループを参照にしている（Schmidt 2015）．具体的には，スイスを典型とした分権的合意型，北欧諸国に見る集権的合意型，イギリスなどの集権的競争型，そしてカナダのような分権的競争型の四つである．

　競争・合意の特徴について，ミクロとマクロの要素を無差別に取り扱う問題は先に述べた通りである．だが，経験的に見て取れた各グループの特徴は無視できない．というのも図3-3で確認したように，政治様式の生成メカニズムとは，ある政権パターンを促す各国の制度・構造的な要因とかかわりをもつと考えられるためである．ただし，ここでは集権的競争型と分権的競争型の経験的グループ間では政権の特徴に関する大きな違いを見出せなかった（Lijphart 2012 : 102）．そのため，ウェストミンスター型（W）と一括りにして，合計三つのカテゴリーとしている．それぞれの詳細は以下の通りである．

　まず分類での「W」は対決・競争型の政治様式を指し示すものとなる．ただし，この型は単独政権・政権交代をシンプルに期待できる列番号1のみならず，

第三章　大連立の特徴　*43*

表 3 - 1　政治様式の多様なパターン

列番号	対決・競争型		交渉・合意型		分　類
	公的な協力なし	公的な協力あり	公的な協力あり	公的な協力なし	
1	1	0	0	0	
2	0	1	0	0	W
3	1	1	0	0	
4	1	1	0	1	W*N
5	0	1	0	1	
6	1	0	0	1	N
7	0	0	0	1	
8	1	0	1	0	W*S
9	1	0	1	0	
10	0	0	1	0	S
11	0	0	1	0	
12	0	0	1	1	S*N
13	0	0	1	1	
14	1	0	1	1	W*S*N
15	1	1	1	1	
16	0	0	0	0	―

W：ウェストミンスター型
N：北欧型
S：スイス型
出典：筆者作成.

　列番号2と3も内包している．この分類は，この型が単独政権，連立政権という合意の程度の差に特徴づけられるものでないという議論に基づく（Jordan / Cairney 2013）．ウェストミンスター型の理想とは，大連立や与野党の区別が消失する合意志向の少数政権が生じないことにあるだろう．

　次に「N」は，非公式の協力に依拠した北欧型と呼称するカテゴリーを表している．ここでは，公的な協力を伴わない交渉・合意型を特徴とする列番号7だけをこの型の分類対象としていない．公的な協力を伴わない対決・競争型となる列番号6も含めている．これは交渉・合意志向の政治だけが北欧諸国で見出せるわけでなく，単純な多数決の原理も働くという議論に依拠している（例えば，Christiansen / Damgaard 2008）．理想的な北欧型とはフォーマルな合意，つまり政権に共に就くことを必要としないことであると考えられる．

三点目に分類の「S」は，大連立を基調とする政治様式を表している．ただし，この政治スタイルの名を冠するスイスで常に一定の大連立が成立してきたわけではない．同様の点は，この型に当てはまるだろうフィンランドの事例からも指摘できる．理想的な大連立型とは，公的な協力を伴っていない状態の政権を避けることに本質的な特徴があるといえよう（列番号10と11）．

　ここまでの「ウェストミンスター型」，「北欧型」，「スイス型」という三つの政治スタイルは更に，それぞれの混合によって細分化される．これは，経験的に表出されるマクロの政治様式がより一層ニュアンスに富んだものになることを示す．

　まず列番号4と5はウェストミンスター型と北欧型の混合（W*N）を示している．この特徴は，大連立政権が成立しないことに特徴づけられる．その例としては，スコットランドを挙げることができる．スコットランドでは，従来のウェストミンスター型を負のひな型として新しいデザインについて検討された．ここにおいて北欧型とウェストミンスター型の混合の特徴について指摘されている（Cairney / Widfeldt 2015）．

　次に列番号8と9は，ウェストミンスター型とスイス型の混合（W*S）を示している．これはウェストミンスター型と北欧型のハイブリッドと対照的に，インフォーマルな合意に基づく政権を積極的に実践しないことを特徴とする．ドイツはその一例といえるだろう．この国は，競争志向と交渉志向の二つの要素を併せ持つとされる（Schmidt 2007：271-73）．具体的にはドイツでの連立政権からジュニアパートナー離脱による手詰まりの少数政権，そして大連立へといった変遷をこのカテゴリーで捉えることになる．

　最後に列番号12と13は，北欧型とスイス型の混合（N*S）を表す．これは，公的な協力を伴わない対決・競争型の政権運営が行われないことに特徴づけられる．この例については，参考にしたSchmidt（2015）のデータで該当しうる例を見つけ出せなかった．だが交渉・合意型に不可避的に埋め込まれて（Haukenes / Freyberg-Inan 2013），民主化後に一党による単独政権が避けられて

きた中東欧の国を対象にできたのかもしれない[10].

　以上の三つの基本型，三つの混合型以外にも，いくつかのパターンを列番号14以降で確認できる．この内，列番号14と15の組み合わせでは上述の型の特徴が少なからず入りこんでいる．そのため，この分類において二つの可能性を考える必要がある．まずは，どの政治様式も十全に機能していないために，一時的にこの分類に入る場合である．次に，このパターンが独自の機能を有するものの理論から捉えることができない，つまり交渉・合意型と対決・競争型というスキーマの限界とも考えうる．こうした問題は，どの政権パターンも見出せない列番号16でも同様に指摘できる．

3　大連立を予期できる政治

　以上では，政権パターンと政治様式の結びつきに関する考察を行った[11]．ここにおいて本書で焦点を当てる大連立のメカニズムは，① スイス型 (S)，② ウェストミンスター型とスイス型の混合 (W*S)，③ 北欧型とスイス型の混合 (N*S) の政治スタイルと関わりがあるといえよう．

　確かに大連立の成立を十分条件とする政治，その基本の型として名をあてがったスイスにおいても近年，より対決・競争志向が働くようになってきたことが指摘される (Vatter 2016)．この指摘は，大連立システムが最良のものといえないことを予感させる．しかし大連立には，提起したように理念型だけでない二次的なものも想定される．つまり大連立か否かという問題よりも，大連立の種類・程度がより問題となる．加えて大連立を十分条件とする政治は，他の政権パターンとの組み合わせでも生成されうる．

　こうした点を踏まえれば，大連立システムが本当に機能しなくなっているかどうかは，より込み入った問題になるといえる．しかし，いずれにしても，それらの型を作る大連立がどのように成立するのかという問いは避けて通れない．次章では，その理論・モデルを確認する．

注

1） これは定期的な選挙を行っている，権威主義とは異なる政治の在り方を指し示す．もちろん，どの政治体制が経験的に民主主義へ区別されて，どの政治体制がそうでないのか論争が多い（Kriesi 2015 も参照）．だが，この点についての経験分析を意図していないため，分類のための定義を行っていない．

2） この構成要素の中では，何が交渉・合意型の政治を成すものであるのか議論がある（例えば，Schmidt 2008：Ch.19；Kranenpohl 2012）．本書は交渉・合意型の政治それ自体を分析するというよりも，大連立政権という一構成要素に分析の比重を置くため，民主主義の内での分類を行うための包括的規定を行うことはない．

3） そもそも合意が存在しなかったならば議会制のルールそれ自体が成り立たなくなる．そのため，政党間の合意とは程度の問題と考えられる（例えば，Elder *et al.* 1982）．

4） 少数政権の場合でも，政党間関係の本質が対立に特徴づけられることが示されている（例えば，Cody 2008：28-32；Andeweg 2013：107-109）．この問題については後述する．

5） この順位は理念的なもので，実際には合意の度合いに関する重複がありうる．例えば，大連立の方が少数政権よりも多くの合意を取り付けている，単独少数政権が連立少数政権よりも多くの合意を取り付けているといったことも考えられる（方法論的には，Mendel 2001：Ch.3）．

6） この意味内容は，政党が社会の意見を集約する機能，並びに代表する機能について保持していることを前提としている．これは，「社会学的先入観」（Panebianco 1988）として批判を受けるものである．この党の理想的な機能は慎重に検討されるべきだが，この程度の問題についてこれ以上の詳細な議論に立ち入ることはない．

7） 対して公的な協力を伴わない政権とは，議会で多数派を有していない，ないし政党間の連立が行われていない政権と解せる．ただしこの分類には定義上，過半数を超えた単独政権という事例も含まれる．確かに，単独政権が交渉・合意型の政治の一属性とみなされるのは直感に反する．しかし1990年代までの日本の単独政権下で，合意を重んじる政権の機能を観測できるとも指摘される（Lijphart 2012）．単独政権も，交渉・合意型の下位概念として分析する余地があるかもしれない．

8） 抽象化と一般化は異なる分析の手続きとして区別している（Collier / Mahon 1993；言語学における指摘として，Langacker 1999：102）．

9） この異なるレベルの分析対象をつなげる際に，その間にあるメソ・レベルという中位のレベルを想定可能である（Bergschlosser / Cronqvist 2012：26）．この想定は応用モデルで役に立つと考えられるが，本書ではこのレベルの条件について精査することはない．

10) このカテゴリーの典型でありえたかどうかは，同地域の政党間競合に関する制度化の問題を検討する必要がある（例えば，Casal Bértoa / Mair 2012 ; Kriesi 2015）.

11) こうしたパターンは，中央政府と地方政府の組み合わせ方によって更に細分化されうるが，ここでは詳細な分析を進めることはない.

第四章　大連立を説明するために

　大連立の成立パターンの数々を説明する枠組みとして，本書では連立政権論と呼ばれる理論に着目する．本章では，その理論の基礎を示した上で，大連立を説明するモデルがどのように組み上げられてきたのかを概観する．これを踏まえて，大連立の統合的な理論枠組みとそれに基づく比較の仕方について明示化する．

第1節　連立理論の基盤

　議会制民主主義の下では，どのような政党間の連立が実現するのか．この問題に取り組んできた理論が連立政権論である．この理論は1940年代から1950年代にかけて確立した経済学の理論，具体的には行為者の合理性に着目した行動理論の影響を受けている（『合理的選択論』，例えば，von Neumann / Morgenstern 1944）．これを踏まえて連立政権論は1960年代に，個々の政党の合理性に着目することを出発点として基礎が作られた（Jun 2007：395）．

　そこではまず，政党は閣内のポストを得ることそれ自体に利益を見いだして，公職を追求することが目的になると想定される（『公職追求』，Riker 1962）．しかし，この前提だけでは，なぜ政党が他党と協力するのかを説明できない．そこで二つ目の前提が課される．それは政党が政権に就く時，安定した政治運営のために議会での多数派であることを望むという前提である．これによって理論上では，議会で過半数以上の議席を掌握するために連立するという政党の戦略

的な行動を予測できる（Strøm / Nyblade 2007：788）．ただし，この連立は最小限の協力に留まるべきである．これは個々の政党が自身の合理性に基づき，公職に就く際に得られる利益の最大化，その不均等な分配を目指すと想定されるためである（Ibid.）．

　ここまでから連立政権論の基盤である「最小勝利連合」モデルの次のような予測が立てられる．まず，ある政党が議会の多数派を掌握している場合はその政党が他党と協力する理由がないと想定する．そして，どの政党も単独で議会の多数派になっていない場合においてのみ，最小限の多数派形成に向けた協力を行う理由が生まれると予測する．

　ただし，この最小勝利連合の考えだけでは大連立を体系的に説明することは難しい．というのも権力分掌を特徴とした大連立は，利益分配の不均等性を前提にする最小勝利連合の考え方と矛盾するためである．そこでは，なぜ政党が最小限の多数派を伴う政権を目指さないのか，という問いが理論的な説明の出発点になる．連立研究では，この問いを基にして「過大規模連合（oversized coalition）」と呼ばれる一つの連立モデルが提起されて，展開してきた[1]．

第2節　大連立を説明するモデルの背景

　過大規模の非合理性に対する問いを出発点としたモデルは，特に1970年代以降から大きな発展を遂げていくことになる．その一つの誘因として，連立政権論がこの頃から政党システム論と呼ばれる別系統の理論とより密接に結びつきはじめたことに着目できる．

　政党システム論は1960年代に基盤を確立させた連立政権論と比べれば，比較的早期に組み上げられている[2]．この政党システム論の核は，政党間競合から生まれる相互作用に着目して，全体（システム）の視点からその特徴を捉えることにあった（Sartori 1976）．そこではシステムを捉えるために条件配列へ注視，その内で歴史的発展に対しても関心を払った．こうした特徴は確かに，演繹的

な考えを基に個々の政党へフォーカスして，政党間競合の特徴について捉えようとした連立政権論とは異なっていた．だが根源的には，両者は政党間競合のパターンという同様の分析対象へ関心をもっていたといえる．

ただし政党システム論の問題関心が1970年代以前において，政党間競合のパターンがいかに変わりうるのかという連立政権論の関心と重なることは少なかった．その一つの理由として，政党システム論が政党間競合の安定に関心を向けていたことを挙げることができる[3]．

しかし1970年代以降，政党システム論と連立政権論の問題関心がより重なり合うことになる．この背景にはドイツにおける緑の党，ベルギーでのフラームス・ブロックなどの新党躍進，デンマークを最たる例とする既成政党の凋落といった当時の出来事がある（例えば，Pedersen 1979；Hino 2012 を参照）．そこでは政党システムの「凍結（Lipset / Rokkan 1967）」を土台にしながらも，政党間競合のパターン変化を射程に入れた分析が増えていく．そして，政党システム論でもシステムの構成要素である個々の政党の特徴に焦点を当てる研究，更には政権に焦点を絞った研究が積み上げられるに至る（例えば，Blondel 1990；Mair 1997；Casal Bértoa / Enyedi 2014）．

政党間競合の安定と変化の双方を捉えるという研究関心のシフトを伴って1970年代以降，連立政権論は政党システム論と分析視角を共有する機会が増えた．そしてこれは，異なる出発点をもつ政党システム論からの批判を受けつつ連立政権論が展開する一つの誘因になった．いいかえれば，この影響で合理的選択論を一つの出発点とした連立研究で「ゲーム理論の伝統」と「ヨーロッパ政治の伝統」という分析方針が生まれていったと考えられる（第二章第4節を参照）[4]．そこで以下では連立政権論のみならず，政党システム論の研究も取り上げつつ，いかに過大規模連合モデルが発展してきたのかを整理してみる．

第3節　大連立を説明するモデルの展開

1960年代，理論確立の契機となった最小勝利連合モデルにインスパイアされた研究群を第一世代とする時，次の展開を示した研究群を第二世代と位置づけることができる．そして，この主として1970年代に見出せた第二世代の研究群を踏まえ，1980年代に新たな理論拡張の試みがなされている（Grofman 1996：265-267）．この試みを第三世代とするならば，その新たな世代を踏襲した更なる研究がとりわけ1990年代以降に積み上げられるようになっていく．こうした1960年代以降の研究の進展の内で，過大規模連合モデルの発展も追うことができる．1970-80年代，1980-90年代，そして1990-2000年代という大まかな時代区分だが，これを通じて以下ではモデルの段階的特徴を捉える．

1　政策を追求する動機

最小勝利連合を上回る協力の原因に関しては，1960年代に既に二通りの説明がなされていた．一つ目は政党間で全情報が共有されるという理論上の想定とは違って，現実には断片的な情報しか政党は得られないという考えに基づいた説明である（Riker 1962：88）．そこでは情報の不確実性から，最小勝利連合にとって余分な政党も保険として連立の内に含まれることが予期されていた．二つ目の説明は，最小勝利連合という行動では単純に議会の多数派を確保した協力が目指されるだけでなく，より少ない政党間の交渉も好まれるという想定に基づく（『最小政党数連合』，Leiserson 1968）．この最小政党数連合による説明では，二大政党間での大連立が一つの選択肢として予想されえたのである．

だが1970年代以降，こうした公職追求の動機に基づく説明に対して，「ヨーロッパ特有の政党システムについて理解することは出来ない（Beyme 1983：342）」という批判がなされた（他に例えば，Rausch 1976）．これに呼応するように1970年代から1980年代にかけて連立研究では，政党が必ずしも公職だけを追求

していないことを理論的に捉える試みがなされた（例えば，Bogdanor 1983；Pridham 1986）．そこでは政党が公職へ就くこと自体の利益のためだけに政権を目指すのではなく，自身の掲げる政策を実現するためにも政権を目指すという前提が付与されている（『政策追求』）．

　確かに，こうした接近法は1960年代までに投票行動の研究で提起されていた（例えば，Black 1948；Downs 1957；連立研究での論点提起として，Leiserson 1968）．しかし政権レベルでの連立への応用が積極的に行われ始めたのは，1960年代に連立政権論の基礎が確立した後のことであっただろう（例えば，De Swann 1973）．こうした政策追求という行動動機を加味しつつ政党の配置へ注目することで，連立政権論はより現実的な説明を与える可能性を開いたと評価される（Beyme 1983）．そこでは，最小勝利連合を超えた協力の可能性を政党間で共有するという過大規模連合の認識的メカニズムも想定されるようになった．具体的には，政党の配置いかんによっては最小勝利連合を上回る政策的に近い政党間の協力のみが議会多数派連合になると予測できるようになっている（例えば，Axelrod 1970）．

2　政策次元の多元性

　二段階目の1980年代から1990年代にかけては，追加された政策追求の動機に更なる修正が施されている．具体的には追求される政策の次元が一つではなく，複数でありうることが連立政権論で盛んに議論されるようになった．この点は当時，政党システム論の視点からも提起されていた．例えば，右左という一次元に留まらない多次元性を想定することが必要であるのかについて争点となっていたことを挙げられる（例えば，Sani／Sartori 1983）．しかし一つ以上の政策次元がありうるという考え方は，より柔軟に現実へ対応できる前提とみなされるようになっていく[5]．これは例えば，当時のヨーロッパ諸国で台頭していた新興政党の主張が一つの政策次元だけでは経験的に捉えにくい場合があったことに起因する（例えば，Kitchelt 1996）．

だが，この政策の多次元性を想定することによって，どのような政党の配置でいかなる政党間競合のパターンが生まれるのかという予測がつかなくなる問題が生まれた．この問題は選挙研究を中心に既に指摘されていたが（例えば，Plott 1967；Mckelvey 1976；Shepsle 1979），政権成立にまつわる分析の中では1980年代以降に顕著にその問題に対する取り組みが見られた（例えば，Shepsle / Weingast 1981；Laver / Schepsle 1996；Grofman *et al.* 1996）．

　新しい争点と共に登場した新興政党，一次元を超えた空間モデルの問題を踏まえ，連立政権論と政党システム論では同様の点に着目した分析が進められた．それは，政党間競合の内で中心的な役割を果たす政党へフォーカスした分析であった．この点について政党システム論では特にシステム「凍結」の議論の延長で，中長期的な視座から核となる諸政党がいかに残っているか，という分析が行われた（例えば，Smith 1990；Mair / Bartolini 1990；Bartolini 1998）．

　これとは対照的に，合理的選択論に根ざした連立政権論では短期的な視座からの分析が中心であった[6]．そこではまず公職追求，政策追求のそれぞれの側面から核となる政党について考査された．一方で公職追求の観点からは，諸政党の議席の規模から連立に際して不可欠となる中心的役割の政党，例えば「支配プレーヤー（Peleg 1980）」について検討されている．他方で政策追求の観点においては，政策上の位置づけから議会の趨勢を左右する中位政党の影響力が議論の的になった（Laver / Schofield 1998：80）．

　この公職追求と政策追求の各面からの考察を踏まえて，次の応用研究が進められた（例えば，van Deemen 1991, Laver / Shepsle 1996；Sened 1996）．それは，公職追求と政策追求の双方を加味した時に核となる政党を特定する，更にはそれを一つ以上の政策次元という前提の下で見つけだすという研究である．なおその際には，中心的な役割を果たす政党が一つとは限らないという点についても考察が加えられている（Schofield 1995）．

　以上のような基礎理論の修正によって，とりわけ最小勝利連合を下回る少数政権について説明するモデルが精緻なものとなった（例えば，Strøm 1990）．し

かし過大規模連合モデルも，これに引きずられるように更なる展開を示している．そこでは最小勝利連合を超えた協力が必要不可欠なものである，という核になる政党の認識的なメカニズムを通じた大連立の説明が行われるようになった．中心的な役割を果たす政党の影響力が弱い場合，幅広い連合を組んでそのプレゼンスを補完することが急務になると考えられるようになったのである（例えば，Schofield 1993；Crombez 1996）．

3　党内部の事情と制度への適応

　三段階目の1990年代から2000年代にかけては大きく二つの修正があった．一つ目は，想定される公職追求と政策追求の動機に更なる行動動機が加えられている．そして二つ目に，政党の行動を制約する特定の制度が勘案されるようになった．以下では，それぞれの修正点について述べる．

　まず連立政権論では取り分け1990年代以降に，党内部の事情へ焦点を当てる研究が増えた．この点は政党システム論においても同様で，この頃から党内の構造化されたパターンと政党間競合の仕方を結びつけた考察が盛んに行われるようになっている（例えば，Lees-Marshment 2001；Katz / Mair 2009）．この背景には，政党政治を長らく続けてきた国々で政党の存在意義が揺らいでいたという問題があっただろう（van Biezen *et al.* 2012；Tormey 2015）．政党の役割消失・衰退さえもが予測されたにも関わらず，組織化された政党は残ったという現実がパラドックスとして浮かび上がっていたのである．この問題に直面して，政党システム論では党組織の歴史的変容と政党間競合の変化を結びつけた議論が提起されている（Katz / Mair 1993：605）．これと連動するように連立政権論でも党組織が一枚岩ではなく，その組織の特徴から政党間競合のパターンが形作られるという考えが取り上げられるようになった（例えば，Laver / Schofield 1998：14；Giannetti / Benoit 2008）．

　連立政権論では党組織の特徴を検討する際に，党内部の事情に依拠した行動動機の精査が一つのテーマとなった．例えば，政党が次の選挙における支持者

の動向をにらみながら連立戦略を組み立てることが想定されるようになっている（『再選追求』, Müller / Strøm 1999）. また, 選挙前に確立している党組織との一体性を損なわないように政党は連合戦略を検討するという行動動機の存在も提唱されている（Strum 2013）.

以上のような党内事情を深掘りする行動動機に関しては, 公職追求, 政策追求という既に前提とされてきた行動動機との関係づけがなされている（例えば, Müller / Strøm 1999）. また, 選挙以前と選挙以後という時間的に区切られる動態的サイクル内での連立のモデル化も進むことになった（Strøm *et al.* 2008）.

しかし, こうした複雑な動機を前提に政党間競合の性質を把握しようとする試みは, 理論上で想定できるパターンを倍以上にした. 単純計算しても, 二つの動機を持ちうる二つの政党間の協調・対立のパターンとは全16パターンある. 三つの動機になれば, 二党間の協調・対立のパターンが32パターンと倍になることを想定できる. こうした問題と連動して経験分析では, 政党間競合の複雑さにより焦点を当てるものが増えた. 例えば, 政党の動機表出の仕方にみる連立の射程へ焦点が当てられている（例えば, Warwick 2000；Casey *et al.* 2014）. また党組織, 政党間関係, その上位レベルにある特徴など各種条件の位置する階層的な特徴とその相互作用も合わせてテーマとなってきた（例えば, Deschouwer 2006；Ştefuriuc 2013：15-18；Tsebelis / Ha 2014）

党組織が有している特徴に基づく分析と同時期から, 連立政権論と政党システム論において政党の行動を制約する制度に重きを置いた分析が増えている[7]. 政党システム論の視点では短期的, そして中長期的な制度への政党の適応に比重を置いた分析が行われるようになっている（例えば, Mair 2006：68）. 連立政権論においても, 政党システム論と同様に制度への適応に着目する研究が増えた.

そこでは一方で, 選挙前連合の存在（Golder 2006）や政権に就いていた党の継続性（Martin / Stevenson 2010）が, 政権成立に影響を及ぼす条件と指摘されている（Martin / Stevenson 2001：35-38）. また政権成立後の政治運営に影響を及ぼす様々な制度的条件, 例えば二院制などが連立を組む段階で考慮されるものとし

て議論されるようになった（例えば，Lijphart 1984；Strøm *et al.* 1994；Tsebelis 2002）．
こうした制度的条件の勘案は確かに，1960年代に見られた公職追求の動機のみ
から簡潔に説明するという一般性の高い説明に更なる制約を課すものであった．
だが，この条件も含めることで全ての事例を説明するには程遠いものの，より
多くの事例を説明する可能性が開かれた（Martin / Vanberg 2015）．

　過大規模連合モデルでは1990年代以降の研究を概観すると，政権成立後の運
営に影響を及ぼす制度，特に二院制という条件に焦点を当てて議論が展開して
きた．もちろん，政権形成への制度的な影響として積極的な内閣発足時の信任，
建設的不信任案の制度，半大統領制などが指摘されていることも確かである
（例えば，Glasgow *et al.* 2011）．

　しかし，これらは1990年代から2000年代にかけての過大規模連合モデルで中
心にあった仮説とはいえないだろう．例えば，内閣発足時の積極的信任の有無
は少数政権の成立との関係において議論が進められてきた（例えば，Bergman
1993；Rasch *et al.* 2015）．また建設的不信任案の制度も多数派政権の成立と関係
づけうるという仮説に留まるもので，大連立を直接説明する制度的条件とはな
っていない（Ganghof / Stecker 2015：72-73；Horváth 2015）．そして半大統領制に
ついては多数派政権，ないし少数政権の成立といった蓋然的効果に関する議論
が主で，文脈によってもその効果が変わると指摘されている（例えば，Bergman
et al. 2015）．これらに比べれば，二院制に関する仮説は大連立に対して積極的
な影響を及ぼすだろうという前提の下，それに対する批判的検討が行われてき
た（例えば，Tsebelis / Money 1997；Druckman *et al.* 2005；Diermeier *et al.* 2007）．[8]

　以上，1990年代から2000年代に主として見出せた政党内部の事情，政党の制
度への適応という二つのテーマを明らかにした．これらを考慮することで，連
立政権論の各モデルは今までよりニュアンスに富んだ説明を可能にしている
（Nyblade 2013：20）．

　過大規模連合モデルも例にもれず，政党間の相互作用の複雑さへ着目したこ
とで更なる分析の展開が見られた．そこでは，党内事情を加味した政党間の複

雑な関係に着目することで過大規模連合モデルの精緻化が進んだ（例えば，Groseclose / Snyder 1996；Clark *et al.,* 2008；Helm / Neugart 2013；Indriderson / Bowler 2014）．また，二院制を中心とした制度的条件も含めて過大規模連合モデルを実証的に検討する試みが多くみられるようになった（例えば，Volden / Carruba 2004；Volden / Wiseman 2007；Eppner / Ganghof 2016）．これらと併せて因果的なメカニズムに関しても，連立可能性，連立必要性という従来の過大規模連合モデルで想定されてきたメカニズムが同時に表出されうると提起されている．具体的には複雑な政党間の関係の下，最小勝利連合を上回る連立が可能ないし必要になるという諸政党の認識的メカニズムが想定されるようになった（Junger 2002；Junger 2011）．

第4節　大連立の統合的な分析枠組み

　他の理論とも共鳴しつつ，連立理論の内で過大規模連合モデルが精緻化してきた一方で，そこには変わらない視座もあった．それは各種動機に裏打ちされた政党間での相互作用の仕方，それによって形成される政党システムの特徴へ焦点を当て続けてきたことである（『説明変数としての政党システム』，Kropp / Strum 1998：Ch. 2）[9]．

　過大規模連合モデルでは中でも，大連立の直接的な要因として最小勝利連合を形成させない政党の配列に関心を払ってきた．そこでは，政党の最小勝利連合に向けた行動を制約する多党制の特徴という構造的条件（A）が存在する場合[10]，幅広い政党間の協力（Y）が成立するという予測が各モデルで立てられてきた．これは同時に，大連立を生じさせない多党制ないし二大政党制という否定の概念（〜A）が各モデルの枠組み内で対概念として想定されてきたことを意味する[11]．

　第一段階のモデルでは，政党間の政策的な類似（A1），相違（〜A1）に注目が集まっていた．そして，このモデルは政策的な近さに基づき連立が可能で

ある，不可能であるという政党間での認識的なメカニズムが働くことを予期していた．次に第二段階のモデルでは，中心的な役割を果たす政党のプレゼンスの弱さ（A2），強さ（〜A2）に焦点が当てられている．この中核政党のプレゼンスの問題からは連立が必要である，不必要であるという認識メカニズムが想定されていた．第三段階のモデルは他のモデルと同様に構造的特徴として，各党の複合的動機に基づく政党間関係の複雑さ（A3），単純さ（〜A3）をテーマとした．

　その一方で第三段階のモデルでは，この条件に付加する形で制度に基づく仮説も立てられていた．それは，政党の最小勝利連合に向けた行動を制約する制度（B）が存在する場合，幅広い政党間の協力（Y）が成立するというものであった．この新しく導入された条件は構造的条件と同様に，大連立を促すことのない制度（〜B）という否定の概念を想定するものであっただろう[12]．

　ただしモデル3を構成する二条件は，それぞれが代替的に影響を及ぼすと考えられる一方（Martin / Stevenson 2001），互いに相互作用するとも提起されている（Ganghof 2010：16）．こうした大連立成立に向けて相互作用するかもしれないという二条件の関係は，集合論の観点からA3＋Bという式で表現できる[13]．そして，この条件式に含まれる概念は否定の概念（〜A3，〜B）と対称性をもつため，次の条件式を導出できる．それは政党間関係の簡潔さ（〜A3）と政党の行動を制約しない制度（〜B）があるならば大連立は成立しないという，〜A3*〜Bと表現できる式である．このA3＋B，〜A3*〜Bという条件式は，モデル3がそれまでのモデルと比べて，概念・因果の関係に関してより込み入ったものになったことを示している．

第5節　比較分析に向けて

　用いた理論枠組みでは各概念の対称性を前提としていたため，集合関係，相関関係に基づく因果的推論のどちらでも想定できる．もちろん，必要十分条件

と相関関係では違いがある（Goertz / Starr 2003；Rohlfing 2012：47-60）．例えば集合関係において，A*Bの相互作用を想定したモデル3では ～Aないし ～Bという個々の条件の存在が否定の結果に影響を及ぼすと考える．これは，二条件の交互作用項が正負の双方へ同じように影響を及ぼすという考えとは異なるだろう．

しかし，それぞれ二方向の因果を想定できることも確かである．完全な正の相関とは（X=0, Y=0）と（X=1, Y=1）によって成り立つのに対して，必要十分条件も（X=0, Y=1）と（X=1, Y=0）という組み合わせを許さない．ここにおいてA*BをXとみなした場合，必要十分条件の因果ではA～B, ～AB, ～A～BがYを導くとは想定されない．むしろ，これら三つの条件はY=0を促すと考えられるのである．そこではA～B, ～AB, ～A～BにおいてY=0，そしてA*BでY=1を想定して，相関関係の中で解釈することも不可能ではない[14]．

ただし政党システムという構造的条件，政党の行動を制約する制度的条件は多様性に富んで観測されるはずである（Mair 1997；Ware 2009；Lijphart 2012：90-92）．ここにおいて経験的指標とは，それぞれの概念属性を捉えるために十分なものであるという特徴を第一にもつと考えられる（方法論的には，Goertz 2006：63）．この結果，相関ないし集合関係に基づく因果的推論に向けた各指標の内で，複数の意味が込められることになる．

一方の「Xが増える／減るとYが増える／減る」という相関分析を想定する際には，一つの指標によってプラスの側面とマイナスの側面という二つの概念属性を同時に捉えうる．対して「Xがある／ないとYが生じる／生じない」という因果的推論を想定した分析は，一つの指標で一つの概念属性について捉えることを基本とする．この特徴は，指標が概念属性を捉える十分条件であるという前提の下，概念・因果の非対称性という特徴を付随させる．この問題について，以下では過大規模連合モデルでの構造的条件（A）と大連立（Y），そして各指標（a），（y）の関係から例証する（図4-1を参照）[15]．

第四章　大連立を説明するために　61

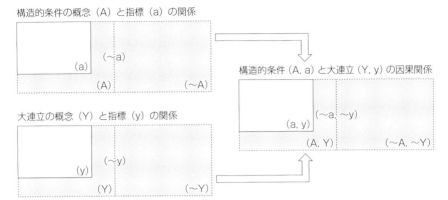

図4-1　概念・因果の対称性
出典：筆者作成．

　図4-1の内では，点線の枠で過大規模連合モデルにおける理論枠組みを可視化した．そこでは図の左側で，大連立の成立（Y），それを促す政党システムの属性（A）のそれぞれの指標との関係を示している．そして，それらが図の右側において因果的な関係を結んでいる．また（Y）と（A）は，それぞれ大連立の不成立（～Y）と大連立を促さない政党システムの属性（～A）という対概念を有している．そして，こうした否定の概念間も右側の図で（～A, ～Y）という因果関係で結びつく．

　次に実線の枠に目を向けると大連立（y），それを促す政党システムの特徴を捉える指標（a）が存在して，図の右側で（a, y）という因果関係が結ばれている．ここで重要な点は指標（y）と（a）が，それぞれ（Y）と（A）の十分条件，つまり下位集合に属しているという点である（図の左側）．この結果，（y）と（a）という指標の否定（～y）と（～a）が指し示す範囲とは図4-1で示す灰色の部分になる．

　ここにおいて，（～y）と（～a）の指標が多義的になる．具体的には，それぞれの否定の指標は大連立の不成立（～Y）と大連立を促さない政党システムの属性（～A）のみならず，大連立の成立（Y）とそれを促す政党システムの

62　第Ⅱ部　大連立政権はいかに成立するのか

属性（A）の意味も含んでしまうのである[17]．この点は，各指標の否定である（〜a）と（〜y）の間で因果的な推論を行うことが的を射たものにならないという，因果の非対称性の特徴を示すものである（方法論的には，Schneider / Wagemann 2012：49-51）．相関分析では，プラスの側面とマイナスの側面での因果の対称性を想定できたかもしれない．しかし集合論に基づく分析では，否定の指標に複数の意味が含まれるため，相関分析のような概念・因果の対称性を想定できないのである[18]．

　この違いからは，例え共有する概念レベルでの枠組みがあっても，相関分析で確かめられてきた仮説を集合論に基づく分析から検討できるかという問いが浮上する．これは，相関分析から仮説を検討してきた連立理論，過大規模連合モデルで問題となってくる．この問題に対して本書は，相関に依拠した分析での指標が二つの機能を含むと集合論的に「解釈（mimic, Grofman / Schneider 2009）」することで解決する．例えば相関に基づく分析でのプラスの側面（a）は原則として，（A）という概念属性のみを指し示すものと考える．そしてマイナスの側面（〜a）は，（〜A）という否定の概念属性のみを意味するとみなす．この相関分析を想定して用いる指標を分解する手続きの例は図4-2のように図示できる．

　図4-2は，どのように相関分析での構造的条件（A）の指標（a）が二つの指標へと分解されるのかについて単純化して示したものである．図の左側における（a）と（A），（〜a）と（〜A）は，正負の側面の対称性を想定した一つの指標の内にある．この指標が図の右側で集合論的に「解釈」される際，変換前の特徴を引き継ぐことで，正負の面で異なる意味を持つ二つの指標に分解される．ここでの例では，（a）という指標が（A）の十分条件となり，（〜a）が（〜A）の十分条件になる．なお，この構造的条件（A）での指標分解の議論は，制度的条件（B），大連立政権（Y）でも適応可能と想定する．以上の「解放」の方法を用いることで，例え相関分析を通じて検討されてきた仮説でも集合関係に依拠した分析が可能になる．この考えを持って次章では，過大規模連

第四章 大連立を説明するために   63

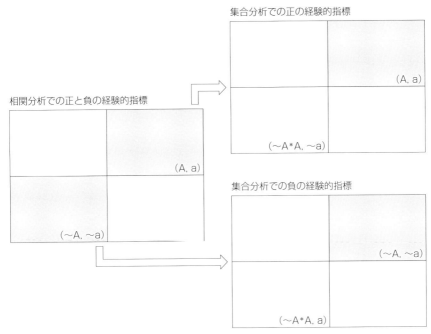

図 4-2　指標の分解

出典：筆者作成.

合モデルを経験的に検討していく．

注
1）　多様な分析視角が連立政権論という理論の下に含まれるが，本章では，その内の一モデルへフォーカスする（包括的レビューは，Müller 2009；Buzogány／Kropp 2013）．
2）　この理論の萌芽は，既に20世紀初頭イギリスで見出される（Dodd 1976）．そこでは大陸ヨーロッパでの，例えばミヘルスの政党組織に関する研究などと並行して，政党システム論がアングロサクソン系の政党研究で当初推し進められた．しかし，大陸ヨーロッパでも少なくとも1960年代以降には政党システムへの関心は共有されたものとなっていた（河崎 2015：13）．
3）　この理由は，第二次世界大戦以降，（ワイマール・ドイツ，スペイン第二共和政で見られたような）民主主義体制の転覆という問題へ取り組む研究力学が働いたためとさ

れる（Wolinetz 2006：52）．

4）　政党システム論では制度化されたパターンのみならず，制度化の過程も長らく分析
対象となってきた（Casal Bértoa / Enyedi 2014）．そして，そのシステム発展を捉え
る異なる分析手法も用いられる．本章は政党システム論の網羅的なレビューというよ
りは，連立政権論と接点ある部分での研究方針に関心を寄せている．

5）　ただし意味のある政策次元の数は，純粋に経験的な分析においてのみ査定されうる
（Laver / Hunt 1992：25；より批判的に，Albright 2010）．

6）　この当時の政党システム論との対照的な研究方針は，1980年代から1990年代の経験
分析の傾向とも合致する（Mahoney / Rueschemeyer 2003：9）．

7）　制度に着目することへの喚起は，1980年代に既にその萌芽を見出せる（Ljphart
1984；より一般的には，March / Olsen 1989）．また制度への関心は，特に1990年代以
降に見出せる連立研究における文脈のテーマ化とも密接に結び付いている（例えば，
Kropp 2008）．

8）　これらに加えて，首相の権力が連立形成に影響を与えるといった議論も存在する
（例えば，Bergman *et al.* 2015）．しかし，この制度的条件は未だ理論的，経験的な考
察が十分に行われていない．また政権成立の過程で影響を及ぼす在職与党や選挙前連
合といった条件について，ここでは明示的に取り上げることはない．これらの条件は，
いかなる構造・制度的条件がどういった連合戦略を引き起こして政権成立に至るのか
というテーマと関わってくる（例えば，Jun 1994；Kropp 2001；Laver 2008）．連立
研究一般で，どの制度・構造的条件が，媒介となる選挙前連合に影響を及ぼし，その
結果として，どういった政権が成立するのかという時間的順序の定式化は未だなされ
ていない（問題提起として，Bandyopadhyay / Chatterjee 2012）．

9）　新興民主主義国家における問題から，システムとしての機能の度合いも争点になり
うる（『システム性』，Mair 2002）．ただし本書では，いかなる組み合わせが同じよう
な機能を果たすのかという点を優先的テーマにしている．

10）　連立パターンを規定する政党システムの特徴には，選挙制度，社会構造上の対立軸
が背景にある（Clark *et al.* 2013：Ch. 14）．ついては，構造的条件と一口で述べるの
は適切でないかもしれない．しかしここでは，大連立の条件として政党システムの一
部の特徴を切り取り，構造的条件と表現している．

11）　この命題に関しては例え二大政党制であっても，紛争中のような極度の緊張状態に
おいて大連立が成立するというケースから反証されうる．だが，本書はこうした緊張
状態があったとは考えにくいにもかかわらず，なぜ各国で大連立は成立してきたのか
という点に関心を向けている．

12）　ここでは，制度的な条件（B）も必要十分条件と想定している．というのも，この

説明は合理的選択論の延長にある合理的選択制度論，その下にある連立政権論の1990年代以降のパラダイム的な説明と考えられるためである（Peters 1999 も参照）．

13) A3 と B によって想定される組み合わせは A3*B，〜A3*B，A3*〜B，〜A3*〜B の四通りである．この内で A3 ないし B の条件を満たすものは〜A3*B，A3*〜B，そして A3*B となる．ここにおいて A3＋B によって，二条件が代替的に影響を及ぼすこと，そして相互作用することについて表現可能となる．

14) 相関関係で想定される値が 1 と 0 に還元される，ないし集合関係で想定される類型がファジィ集合化，多値化することで両者の関係は一層近似するだろう（Fiss *et al.* 2013 も参照）．

15) 本書では便宜上，概念属性を大文字のアルファベット，経験的指標を小文字のアルファベットで表記している．小文字のアルファベットが否定を意味する場合もあるが，本書では（〜）を使って否定について表現している．

16) ここではあくまでも議論の単純化を図るために，必要十分条件を想定している．

17) なお分析の階層性については理論に基づいて設定される余地がある（Bergschlosser / Cronqivist 2012：26）．

18) 理論上では大連立を促す制度（B）でも，大連立を促さない制度（〜B）という対になる概念を想定する．だが経験的には，その制度的な属性が多様性に富んで観測されるだろう．については，制度的な特徴の観測に用いられる指標（b）も大連立を促す制度（B）について捉える十分条件として規定されることになる．その結果，観測された大連立に関わる制度的特徴の否定（〜b）には，操作化に際して捉えられなかった属性の意味も含まれることになる．

第Ⅲ部　大連立政権の実証分析

第五章　19か国内での比較

　ここまでの理論枠組みを踏まえて本章から経験的な分析を行っていく．本章ではまず，モデルの検証に向けて用いるデータの特徴を明示する．次に，各モデルが内包している具体的な仮説を提示する．これを踏まえて各仮説について，集合論に基づく分析の手法（「質的比較分析」，以下本文では QCA）を通じて検討する．

第1節　確認事例の分析

　まずは用いるデータの特徴について以下で述べる．

1　使用する国のデータ

　本章ではヨーロッパ諸国を主としたデータから過大規模連合モデルについて検討する．これは連立政権論がアメリカにみるような大統領制とは異なる制度の国に焦点を当てて展開したことに起因する[1]．この背景をもって連立政権論では一国に留まらない仮説を提起してきた．そして，それらの体系的な分析とは統計手法を通じた多国間の比較に依拠してきた．国際比較の際に用いられてきた国は以下のように挙げることができる（表5-1を参照）．

　表5-1では連立理論，そして過大規模連合モデルの分析で用いられてきた国を列挙した．そこではまず，連立研究全般で第一に考慮されてきた国（「基本事例」），そして，その延長で考慮されてきた国（「基本事例＋α」）という分類を設

表5-1 検証に用いられてきたユニット

国　名	連立政権論		過大規模連合モデル	
	基本事例	基本事例+α	Volden / Carrubba (2004)	Ganghof (2010)
アルゼンチン				×
オーストラリア		×	×	×
オーストリア	×	×	×	×
バハマ				×
バルバドス				×
ベルギー	×	×	×	×
ボツワナ				×
カナダ		×		×
コスタリカ				×
デンマーク	×	×	×	×
フィンランド		×	×	×
フランス		×	×	×
ドイツ	×	×	×	×
ギリシャ		×	×	×
インド				×
アイルランド	×	×	×	×
アイスランド		×	×	×
イスラエル		×	×	×
イタリア	×	×	×	×
ジャマイカ				×
日　本		×	×	×
韓　国				×
ルクセンブルク	×	×	×	×
マルタ				×
オランダ	×	×	×	×
ニュージーランド		×	×	×
ノルウェー	×	×	×	×
モーリシャス				×
ポルトガル		×	×	×
スペイン		×	×	×
スウェーデン	×	×	×	×
スイス			×	×
トリニダート・トバコ				×
トルコ			×	
イギリス		×		×
アメリカ				×
ウルグアイ				×

出典：Bergman *et al.*（2008）を参考に，筆者作成.

けた.「基本事例」とは,Bergman *et al.*（2008：89）が掲げる5つの体系だっ
た研究で共通して用いられた国である.この表から,「×」でマークされた基
本事例がヨーロッパの国々で構成されていることを読み取れる.そして「基本
事例＋α」とは,その5つの研究で少なくとも一つ以上の研究で用いられた国
を指す.この基本事例の延長においてカナダ,日本,イスラエルなど他地域の
国々も含まれる.こうした事例選択から,少なくとも「基本事例＋α」の内で
は比較可能な同質性が想定されてきたと考えられる.

　これと比べた時,過大規模連合モデルのみに焦点を当てた分析では[2],より多
くの国のデータが用いられている.具体的には,灰色で色づけした14か国がそ
れぞれ独自に使われたデータに該当する.ただし本章の目的は,過大規模連合
モデルをこれまで用いられてきたデータから確認することにある.そのため,
これら14カ国にまで範囲を拡張した分析を行うことはない.

　また残り23カ国の内で以下の国は除外した.まず本書の枠組みは,紛争中に
よる緊張状態という条件がコントロールされた上で機能すると想定している.
そのため,この条件に取り分け抵触する可能性のあったイスラエルの事例は除
外している[3].また連立理論の出発点は,議会制民主主義のルールが安定して運
用されている中での合理的な連合戦略であった.この点を考慮するにあたって
本章では,他の国と比べて観測事例が相対的に減る,70年代以降に民主化した
ギリシャ,ポルトガル,スペインを除外した[4].

　以上から図5-1の19か国が分析候補となる.具体的には,オーストラリア,
オーストリア,ベルギー,カナダ,デンマーク,フィンランド,フランス,ド
イツ,アイルランド,アイスランド,イタリア,日本,ルクセンブルク,オラ
ンダ,ニュージーランド,ノルウェー,スウェーデン,スイス,イギリスの19
か国である.ただし,このデータには過大規模連合モデルの分析のみで用いら
れていた国スイスが含まれる.そこでは,この事例を除外することも考慮され
るべきである.だがスイスは,除外する事例の基準として挙げた「大統領制」,
「紛争による緊張状態」,「1970年代以降の民主化」という条件を満たしていな

い（Lijphart 2012：49；108 を参照）．ついては，過大規模連合モデルの説明はスイスも射程に入れうるものであったと想定して，本章は合計19か国のデータを用いる．

2　各国の事例

　各国の連立政権を比較分析する上で次のような事例の観測方法がある．一つ目は，議会内での可能な連立の組み合わせを数えるという方法である（例えば条件付きロジットに基づく分析，Martin / Stevenson 2001；Glasgow and Golder 2015）．この方法は，事例数を飛躍的に増やせるという利点がある．だが，現実には想定し難い連立の組み合わせを勘案しなければならない問題もある（方法論的な問題提起として，Mahoney / Goertz 2004）．二つ目は実際に成立した政権に基づき，各年や各月の政権の状態を事例として捉えるものである（例えば，Volden / Carrubba 2004）．この方法も年から月，そして月から日に単位を細かくすることで事例数を増やすことができる．だが，この方法は観測する各事例がそれぞれ独立しているのか曖昧になるという問題を含む．

　以上の点を踏まえて本書では議会選挙を一つの区切り目とみなし，各国の下院選挙の後に成立した政権を事例として数えていく．なお本章では，19か国の選挙後に成立した政権について第二次大戦後である1945年から観測を始めて，2010年を観測の終点としている．これらはデータの都合である一方，モデルの再検討という本章の狙いとも関係する．2000年代に至るまで基本的な考えを拡張しつつ実証されてきたモデルは，データの拡張可能性を否定するものではないが，2010年までのデータで第一に説明力をもつべきだろう（用いるデータに関しては，Seki / Williams 2014 を参照）．

3　事例内での観測の仕方

　各仮説を検討する上で比較する物差しが必要になる．この指標については従来，相関分析での使用が念頭に置かれてきた．そこでは以下の点に注意する必

第五章　19か国内での比較　　73

表5-2　大連立の国別での観測事例数

	大連立の事例数	総事例数	観測始点	観測終点
AUL	3	26	1946	2010
AUS	0	19	1949	2008
BEL	8	21	1946	2010
CAN	0	21	1945	2010
DEN	0	25	1945	2007
FIN	15	18	1945	2007
FRA	6	16	1946	2007
GER	5	17	1949	2009
ICE	1	20	1946	2009
IRE	0	18	1948	2007
ITA	5	17	1946	2008
JPN	2	15	1960	2003
LUX	1	15	1945	2009
NET	7	20	1946	2010
NOR	0	17	1945	2009
NZ	0	22	1946	2008
SWE	0	20	1948	2010
SWI	15	16	1947	2007
UK	0	18	1945	2010
合　計	68	361	1945	2010

出典：筆者作成.

要がある．それは，相関分析での正と負の二側面を捉える指標に対して，集合論に基づく分析の指標においては正の面と負の面を別々に把握するという点である（詳しくは，第四章第5節）．ここでは具体例として，多国間比較で用いられてきた幅広い連立の指標について挙げる．それは，議会（下院）の多数派を確保するのに余分な政党が一つ以上含まれている政権である場合，大連立であることを示す「1」が付されるという操作化である（例えば，Gallaher *et al*. 2005）．以下ではまず，このルールに従って大連立の国別傾向を示す（表5-2を参照）．

　表5-2は19か国の1945年から2010年の間に行われた各下院選挙後に観測した幅広い連立の成立数を示したものである[5]．この測定法では，オーストリアにおける二大政党間の連立など，各国の文脈で大連立と分類される事例が抜け落ちる．だが多国間比較において，この二大政党の連立がいつ大連立とみなされ

74　第Ⅲ部　大連立政権の実証分析

て，いつみなされないのかという点は見過ごすことのできない問題であった（例えば，Ganghof 2012）．またオーストリアの二大政党の連立とは，最小勝利連合モデル，それとも過大規模連合モデルで想定するメカニズムが働いた結果なのか．これまでの分析手法では，その分別が困難であっただろう．

　以上から本章では，従来の指標が他の大連立のパターンもありうるという十分条件の考え方に基づいていたとみなして分析を進める．では余分な政党を含まないという指標の負の側面はいかなる意味をもってきたのか．この問題に対しては第四章で述べたように，「0」が大連立でないことを指し示すために用いられてきたと「解釈（mimic, Grofman / Schneider 2009）」して分析を進めることにしたい．

　このように相関分析での指標に見られる性質も考慮しつつ，以下では集合論の観点から各仮説の操作化を進める（Ragin 2009：89-93）．具体的には，① 大連立成立の仮説の機能する集合に含まれる（「1」，Inclusion），② 大連立不成立の仮説の機能する集合に含まれる（「0」，Exclusion），という二つに分別していく．ただし明白な二分化が困難な場合は，仮説の機能する集合に含まれる程度を「0」から「1」に至るまでの連続値として捉えるため，「0.50（Crossover）」という真ん中の値を設定することで対処する（direct method, Schneider / Wagemann 2012：35-38）．

第2節　大連立の仮説

本節では，前章で挙げた三つのモデル，仮説，そしてその操作化について確認する．

1　政策的な類似／相違モデル

第一段階のモデルでは，政策的に類似している場合に最小勝利連合を上回る政権が成立しうる場合があると指摘した．このモデルは，「隣接最小勝利連合

（Axelrod 1970）」の考えを基に仮説化する．これは70年代から80年代にかけて，大連立のモデルが先の章でも述べたように萌芽期であったことと関係する（Nyblade 2013：15 も参照）．そこでは不完全な情報に基づいて大連立が経験的な誤差とみなされる（例えば，Riker 1962：48），ないしは大連立に与えられる理論的メカニズムが最小勝利連合のそれと厳密に区別されていなかった（例えば，Leiserson 1968）．こうした中で隣接最小勝利連合の考えは，明確に最小勝利連合を上回る政権の仕組みを提起した重要なものであった．そこで以下のような仮説を立てる．

仮説（a1）：二つ以上の政策的に隣接した議会政党が協力する際，過半数確保に余分な政党も含まれる場合，政権レベルでもその幅広い連立の保持が予期される．

　この仮説の操作化の仕方について精査するため，以下では仮想の政党配置を引き合いに出したい．まず，左右の政策次元に並べられる五つの議会内政党を仮定する．具体的には左翼政党が45％，中道左派政党が5％，中道右派が25％，右派政党が10％，そして極右政党が15％，それぞれ議席を分け合っているとしよう．

　この時，各政党は政策位置で隣り合う政党としか連立しないと想定する．例えば，左翼政党は中道左派政党としか連立可能性を持たず，中道左派政党は左翼政党と中道右派という二つの政党と連立する可能性を持つ．ここにおいて，左翼政党が組閣を主導すると想定した場合，隣接する中道左派との連立を予測できる．だが，この連立では未だ総議席の過半数にあたる51％を超えていない．そこで中道左派政党と隣接する中道右派が更なる連立の相手となり，結果として75％という議会占有率を伴った三党の連立政権が実現すると考えられる．その際に5％の議席を占めていた中道左派政党は，単純な多数派形成にとっては余分な政党とみなせるのである．

　この例証を踏まえて，以下の条件を観測できた場合，この仮説が機能する集

合に属していたとする（Inclusion）．それは，組閣を主導する政党の含まれる政策的に隣接していた議会グループで多数派形成に余分な党が入っているという条件である．[6]　なお組閣主導政党については政権参画政党の内で最も議席占有率が高かった政党と一律に操作化して分析を進める．そして，上述の条件を満たさない事例では最小勝利連合を上回った協力を行う理由が消失すると想定した（Exclusion）．

2　弱い／強い中核政党モデル

　二段階目のモデルでは，中心的な役割を果たす政党の影響力が弱い場合，その政党がプレゼンスを補完するために最小勝利連合を上回った協力を行うと予測していた．この中核政党モデルの検証では，Crombez（1996）の仮説を参照している．これは，1980年代から1990年代にかけての過大規模連合モデルが少数政権モデルの理論的展開と連動していたことと関係する．当時の連立研究の動向では，最小勝利連合を上回る政権の説明は任意であった（例えば，Sened 1996）．ここにおいてCrombez（1996）の仮説は少数政権と最小勝利連合のみならず過大規模連合も体系的に捉える，第二段階のモデルを特徴づけるものとみなせる．以上を踏まえて次の条件を仮説化する．それは第一党の議席数と政策位置の二つである．

（1）第一党の議席数

　第一に，占有する議席数が核となる政党のプレゼンスの指標になるという想定の下で次の仮説を引き出せる．

仮説（a2）：議会第一党の占める議席数が少なくプレゼンスが弱い場合，最小勝利連合を上回る連立を志向するようになる．

　この仮説を操作化する際には，単独政党が議会の多数派を掌握しているかどうかを一つの敷居にできる．具体的には第一党が50％超の議席を占めている場合，十分なプレゼンスを確保しているため，最小勝利連合を上回る協力の理由

がなくなると予測する（Exclusion）. では, どの程度の議席数を占めていれば議会での影響力が弱いとみなせるのか. この点について, 強弱という二元論的な区分から考えることは困難である. なぜなら, 議席占有率それ自体が連続値としての特徴をもつためである.

そこで影響力が強いとも弱いともいえない値, そして影響力が弱いとみなせる値を検討する. こうした閾値は, 政党システム論での知見から引き出している. 具体的に, 第一党と第二党が合計60％以上占めている場合, 核となる政党が機能しているという研究に着目した（Smith 1990）. ここでの洞察を基に第一党が30％以上の議席占有率を占めている場合, 核となる政党の影響力が少なからずあるとみなす（Crossover）[7]. そして, この知見の延長で第一党が15％の議席占有率しか占めていない場合, 核となる政党のプレゼンスが弱いという閾値設定を行った（Inclusion）. 第一党が15％しか占めない状態とは, 残り85％の議席を最低でも6党以上が分けるという不安定な政党システムを容易に予期できる（Sartori 1976：325）.

（2） 第一党の政策位置

議会第一党の議席数のみならず, 議会での相対的な政策位置からも中核政党のプレゼンスの強弱に関する仮説を考えることができる.

仮説（b2）：中核の政党が政策的な中心に位置しておらずプレゼンスが弱い場合, 幅広い連立の樹立が目指される.

政策的中心・周辺に関しては, 議会第一党の政策位置スコアから議会の中心的な政策位置スコア（各政党の平均スコア）を差し引き, 二乗した値から検討する[8]. そこでは極端さの値が最小値0である場合, 核となる政党が政策位置の中心にいてプレゼンスが強いと想定する（Exclusion）. だがスコア算出法の都合上, 周辺に位置することを意味する値を一意に定めることは難しい. そこで, 国別の議会第一党の政策的な外れ具合とそれぞれの政党システムの特徴を照らし合わせて閾値を設定する（図5-1を参照）.

78　第Ⅲ部　大連立政権の実証分析

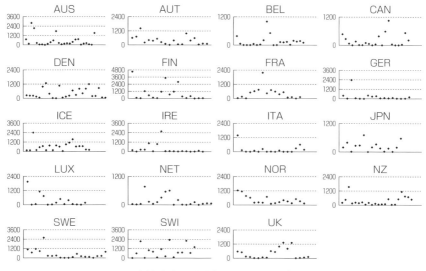

図 5 - 1　中核政党の政策位置の極端さ（1945-2010）
出典：Volkens *et al.* (2015) に基づき，筆者作成．

　図 5 - 1 では X 軸が各国の2010年までの時系列，そして Y 軸が政策位置の極端さを表す．この時，各国の中核政党の政策的外れ具合は，図内の区切りでも示しているように概して1200以内に収まってきたという傾向を見いだせる．対して，遠心的ドライブにより政党間競合の中心が消失する「極端な多党制 (Ibid.)」の典型例フィンランド，スイスで1200以上の値を散見できる．また政策位置が極端である事例はノルウェー，ルクセンブルクのように戦後間もなくの混迷の時期のものであることも少なくない．こうしたデータの傾向を踏まえて，第一党の政策位置の極端さが1200の値を超えている事例では，核となる政党の政策位置が中心から外れているだろうと想定している (Inclusion)．

　しかし，1200以上でなければ中核政党は政策的な中位から外れていないと想定するのは厳しすぎるルールである．例えば，この分類では1979年選挙のサッチャー率いたイギリス保守党の政策位置は外れていない．そして次の選挙であった1982年には政策的に外れていたという区分が可能になる．最小値 0 の時に

核となる政党が中心的な位置にいると期待できる一方で，0-1200の値の間で政策位置の外れ具合に程度の差があるだろう．そこでは，中位にあたる600という分類基準を核となる政党の政策位置が中心ないし周辺に近づく閾値とした[9]（Crossover）．

3　政党間関係の複雑さ／簡潔さモデル

　三段階目のモデルでは党内事情も加味した政党間関係の複雑化，フォーマルな制度による制約から最小勝利連合を上回る協力の説明がなされていた．ここでは，Volden / Carrubba（2004）の仮説を参照した．これは，1990年代から2000年代にかけての過大規模連合モデルに関する研究動向に起因している．政党間競合の複雑さに目を向けた三段階目のモデルはニュアンスに富んだ説明を可能にした一方で，その分析はより抽象的なもの（例えば，Ganghof 2010），ないしより局所的なもの（Junger 2002）へ二分化する傾向があった．こうした動向の内でVolden / Carrubba（2004）の仮説は，バランスのとれた比較の視座を有したもので，かつモデル3の特徴を有するものであった．上述の理由を踏まえて，ここでは五つの仮説を挙げていく[10]．

（1）議会内会派の数

　まず政党の裏切りのリスクが大きくなる交渉相手の増加について，議会政党の数から捉えて大連立に関する仮説として取り上げる．

仮説（a3）：議会政党の数が多く政党間関係が複雑になる場合，幅広い政党間の協力という選択肢が求められるようになる．

　この仮説を操作化する際には，政党間の結びうる関係の数に着目する．そこでは議会の二党による1つの相互作用しかない場合に，政党間関係の複雑性が低いと想定できる（Exclusion）．では，どれほどの政党が居合わせている時に複雑性が高いとみなせるのか．政党システム論の知見（Sartori 1976：348）に基づけば，政党数5を超える時に概して政党間関係の特徴に変化が生じると指摘さ

れる（Crossover）[11]．ただし，政党の数は連続値の特徴を持つため，5を境とし
て劇的に政党間の相互作用が変化するというよりは，複雑さ（簡潔さ）の程度
が高まると考えられる．ついては，政党システムの破片化が進んでいる政党数
10以上の場合（Ibid.：126），政党間関係が複雑化している状況とみなすことに
する（Inclusion）．

（2）党内派閥の制度化・活発化

　次の仮説は，党内部の事情が政党間関係の複雑さに影響を及ぼすという考え
に基づく．これは党の一体性が損なわれていることで政党間の交渉に不確実さ
がつきまとうことに起因する．そこでは次の仮説を挙げる．

仮説（a3）：政党内で多くの意見が併存しており政党間関係を複雑にしている
　　　　　　場合，幅広い連立を通じた政治運営というオプションが求められ
　　　　　　るようになる．

　この仮説に関して，本章で用いる19か国の党組織データの入手が困難であっ
たため，議会の総議席数から間接的に測定している．これは，議会での総議席数
が立法過程での権力分散を意味するという議論に基づく（Nikolenyi 2014）．そこ
では議会の規模から議会内会派の制度化された複雑さについて推し量ることが
できると考える（Volden / Carrubba 2004）[12]．総議席数がどれほどであれば，党事
情の複雑化に関する見通しがたつのか．以下の図は，用いる19か国における議
会（下院）の総議席数について平均値を求めたものである（図5-2を参照）．

　図5-2からはまず，議会の総議席数が400以上と顕著に多い5か国を特定で
きる（イギリス，イタリア，ドイツ，フランス，日本）．この5か国の内には，とり
わけ高度な派閥政治を制度化させてきた日本，イタリアが含まれている（Pem-
pel 1990）．また党内規律が相対的に高いドイツ，更にはイギリスでも党内のコ
ンフリクトが深刻化するというデータもある（Saarfeld 2008）．これを踏まえて，
総議席数400を超えるグループの状況で党内事情の複雑さを見込めるとみなし
た（Inclusion）．対してルクセンブルクで見出せた最小値（議席数57）において党

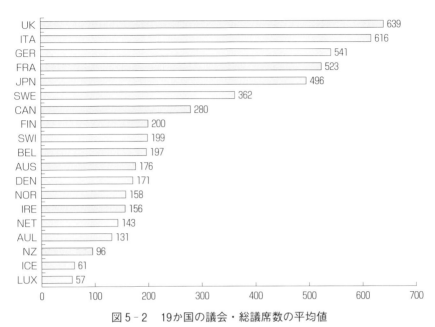

図5-2　19か国の議会・総議席数の平均値

出典：Seki / Williams（2014）を参考にして，筆者作成．

内事情の複雑化の非制度化を想定する（Exclusion）．実際に党議拘束の弱いルクセンブルクにおいては，党内で割れる議案を審議する時，党内派閥の意向というよりは，議員個々人の裁量に委ねられるという特徴が見られるという（Schroen 2008：110）．なお，この最小値57と総議席数400を超えるグループの間では，党内事情の複雑さの制度化に程度の違いがあると考えられる．そのため，本書では図5-2で見出せた200を区切りとして用いることにする（Crossover）[13]．

（3）分極化

三点目に議会内会派の間での政策的な主張の分極化，それを乗り越える策としての大連立を次のように仮説化する[14]．

仮説（a3）：議会政党の政策的主張に大きな違いがあり政党間関係が複雑化している場合，幅広い政党間協力の取り付けが求められる．

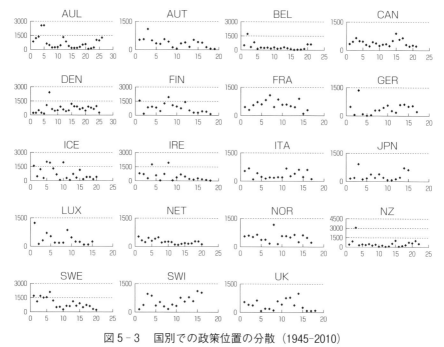

図 5-3　国別での政策位置の分散（1945-2010）

出典：Volkens et al.（2015）を参照にして，筆者作成．

　この仮説では，議会政党の政策位置のスコアから分散を求めたものを指標とした．確かに分極化を考える上では選挙での得票率や議席数による重みづけ，更には制度的な特徴も勘案すべきであると提起されている（例えば，Indridason 2011；Curini / Hino 2012）．しかし，ここではモデルの検証で用いられていた計算式に依拠している（Volden / Carrubba 2004）．この指標は計算式の性質上，最小値 0 を分極化していないことの起点にできる一方（Exclusion），分極化しているという閾値を事前に設定することは難しい．そのため，国別での政策位置の分散度合いと政党システムの特徴を照らし合わせて閾値を検討した（図 5-3 を参照）．

　図 5-3 ではオーストリア，ドイツ，オランダといった伝統的に政党間交渉

の重視に特徴づけられる国々の分極化が1500以内に収まっていることを見て取れる（例えば，Lehmbruch 1996）．これらの国の特徴は，政党間競合が求心的である「穏健な多党制（Sartori 1976）」という政党システムでの分類とも重複するものである．

　だが図5-3では，「極端な多党制」とされるイタリアなどに比べて「穏健な多党制」というカテゴリーにあるはずのスウェーデンの方が分極化しているという結果も見て取れる．これについては，政党システム論の類型では議会政党の数の分布も分極化を検討する際に同時に勘案している点を留意すべきだろう．選挙レベルでの認識としてはむしろ，分極化が特にスウェーデンとアイスランドで傾向的に強いとも指摘される（例えば，Dalton 2008：907）．ただし，1500の値を上回っていれば一律に分極化が見られるとは考え難い．この二分化では例えば北欧比較の俎上に載せられてきたノルウェーの事例が蔑ろにされる（Gilljam / Oscarsson 1996：37）．分散0（Exclusion）から1500（Inclusion）の間の分極化の程度を測るため，本書では理論上の中位にあたる750を境に（Crossover），核となる政党の政策位置が中心，周辺に近づくと想定して分析を行う[15)]．

（4）政策的な寛容さ

　四つ目に議論を呼ぶ法案を議会で審議する際に反対を突きつけられる可能性という観点から政党間関係の複雑さを捉える．これは，政策に対する各党の非寛容さという仮説として以下のように表わせる．

仮説（d4）：議会内の諸政党が政策に対して非寛容で政党間関係が複雑なものである場合，幅広い政党間での協力を事前に取り付けておくことが求められる．

　本書では，この非寛容さと関わる体系だったデータを集めることが困難であったため，国の予算という指標から間接的に測定した[16)]．予算が少なければ，政党は各政策に対して敏感にならざるをえず，多ければ神経質になる必要がなくなると期待できる（Volden / Carrubba 2004；Serritzlew *et al.* 2008）．なお，この指

84　第Ⅲ部　大連立政権の実証分析

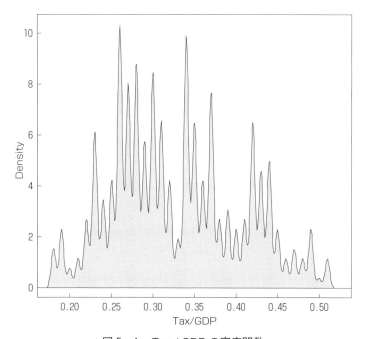

図 5 - 4　Tax / GDP の密度関数
出典：OECD（2014）のデータ，'QCApro'（Thiem 2016）を用いて，筆者作成．

標としては，国内総生産における国の税収比率（Tax / GDP）を用いている[17]．では，いかなる税収比率の時に各政党が政策に対して敏感になっているとみなせるのか．この点については，本章で用いる事例から経験的に導出する（図 5 - 4 を参照）．

図 5 - 4 は本章で用いる事例を基に，どのように税収比率の値が分布しうるのか，カーネル密度関数を通じて示している（bw = 0.0028：閾値設定の手法については，Thiem / Duşa 2013a：30-31）．図 5 - 4 からは大まかに，X 軸の 0.20 を起点として密度（Density）が増大して，0.45 を境にして密度が増加しない傾向を読みとれる．そこでは税収比率が低いほど政策へ寛容でなくなるという想定から，0.20 を下回る事例で政策に対して非寛容になると予期できる（Inclusion）．そして同様の理由から，0.45 を政策に寛容となる閾値とみなした（Exclusion）．ただ

し，この0.20と0.45という値の間では政策に対する寛容さで程度の差が生じる
だろう．そこでは0.20と0.45の中位で密度が著しく減少している0.33を閾値と
して，政策に寛容かどうかの程度を捉える（Crossover）[18]．

（5）権力を分掌する二院制

五つ目の条件は，立法過程が一つ以上のアリーナで行われることが政党間の
関係を複雑化させる要因になるという考えに基づく．これに関して，上院が存
在すること自体が立法過程に影響力をもつのかどうか議論しうる（Tuebelis /
Money 1997：211；Druckman *et al.* 2005：542）．その一方で，上院のより詳細な情
勢が政権の特徴に影響を及ぼすという議論もある（Volden / Carrubba 2004）．本
章ではこれらの議論の間をとって，この制度的条件について以下のように仮説
化している（Eppner / Ganghof 2015 も参照）．

仮説（e3）：同等の権限を持った上院が併存しており政党間関係が複雑な場合，
　　　　　　組閣に際して政党間の幅広い協力が求められるようになる．

上院の権限に関する指標の議論は多いが，ここではモデルの検証で用いられ
てきた分類基準に従った（Lijphart 2012：199-200；Volden / Carrubba 2004；Ganghof
2010）[19]．具体的にはオーストラリア，ベルギー，1950年までのデンマーク，ド
イツ，イタリア，日本，オランダ，1970年までのスウェーデン，スイスの事例
が，対称的な権力をもつ二院制に該当する（Inclusion）．対して，この条件を満
たさなかった国の事例に，制度的な条件によって最小勝利連合を上回る協力の
理由がなくなる「0」を割り振る（Exclusion）．

第3節　質的比較分析（QCA）による検証手続き

ここまでは三つのモデルから引き出される仮説を操作化してきた．これを改
めてまとめると表5-3のようになる．

表5-3に見る各モデルの仮説・操作化を通じて，本章ではQCAに基づく

86   第Ⅲ部　大連立政権の実証分析

表5-3　各モデルの仮説・操作化

モデル		仮　説	操作化		
			In.	Cr.	Ex.
1	政党間の政策的類似／相違	余分な党を含む隣接勝利連合（a1）	1	—	0
2	核となる党のプレゼンスの弱さ／強さ	第一党の議席占有率（a2）	0.15	0.3	0.51
		第一党の政策的な外れ具合（b2）	1200	600	0
3	政党間関係の複雑さ／簡潔さ	議会政党の数（a3）	10	5	2
		党内派閥の制度化・活発化：総議席数（b3）	400	200	57
		政策位置の分極化（c3）	1500	750	0
		政策への敏感さ：TAX／GDP（d3）	0.2	0.33	0.45
	制約的な制度あり／なし	対照的な権力をもつ二院制（e3）	1	—	0

出典：筆者作成.

検証の手続きを進める．だが以下では具体的な手続きへ入る前に QCA のアルゴリズムを確認しておく．まず QCA では，仮説の1と0を基本とした操作化を通じて真理表と呼ばれる表が作成される（Thiem／Duşa 2013b；Mendel／Korjani 2014；Baumgartner 2015 も併せて参照）．ここでは，1と0にコード化される X1，X2，そして X3 という三つの仮説（原因条件）を想定することから始めたい．この場合，三つの原因条件の全ての組み合わせである 2^3 通り，つまり全8つの組み合わせが真理表で情報として記載される．例えば，X1*X2*X3 は「111」，X1*～X2*X3 は「101」，そして ～X1*～X2*～X3 は「000」といった具合に情報が数字に置き換えられる．

　そして，これら8通りの内にどのように事例が落とし込まれるのかが検討される．これによって，8パターンの内でどういった結果（Y）が生じるのかについて推論できるようになる．以下では，この三条件に基づく鹿又ら（2001）のデータセットから考えてみよう（表5-4を参照）．

　表5-4は，8パターン内にそれぞれ落とし込まれる事例で，どういった結果が観測されたのかを示している．QCA においては，真理表内で結果の生起を確認できるパターンから因果的推論を行う．ここでの例では，列番号3の ～X1*X2*～X3，列番号4の ～X1*X2*X3，列番号6の X1*～X2*X3，そし

表5-4 真理表分析の一例

列番号	原因条件			結果	事例数
	X1	X2	X3	Y	
1	0	0	0	0	2
2	0	0	1	0	1
3	0	1	0	1	3
4	0	1	1	1	2
5	1	0	0	0	1
6	1	0	1	1	2
7	1	1	0	0	1
8	1	1	1	1	4

出典：鹿又ほか（2001）のデータに従って，筆者作成.

て列番号8のX1*X2*X3の四パターンでYを引き起こす因果関係を推論できる．これら経路はいくつかの異なるパターンにみる多元性と条件の組み合わせから成り立つ結合性から「多元的で結合的な因果」とみなされる（Berg-Schlosser *et al.* 2009：8）.

　ただしここで注意すべきは，特定される多元的で結合的な因果は十分条件によって規定されており，それぞれの因果経路がある結果に対する下位集合になるという点である．つまり，それぞれが結果（Y）を説明するに際して機能的に同等なもので，相互に結果を説明するために補完的な関係をもつ．もし原因条件の内の一つがYに対する必要条件であったならば，その条件はある結果に対する上位集合として位置づけられるはずである.

　なお，こうした原因条件の組み合わせを特定する事例が見当たらない場合，あるパターン内で異なる結果を示す事例を観測できる場合は留意する必要がある．前者は「論理残余」，後者は「矛盾する組み合わせ」と呼ばれる問題である．表5-4では以下のような問いを提起できる．例えば観測事例が1つある列番号7の条件組み合わせで，もし観測事例を見出せず，生じる結果が分からなかった場合，そのパターンにY（1）が生じることを見通せるのか．また観測事例が2つある列番号6の条件組み合わせで，1事例が正の結果（1），

88　第Ⅲ部　大連立政権の実証分析

1 事例が異なる結果（0）を示していた場合，そのパターンにどのような因果関係を推論できるのか（整合性の問題）．これらは因果的推論の手続きに影響を及ぼすもので，導き出す結論を変える可能性がある（Skaaning 2011 を参照）．

　こうした問題は，QCA が「事例をベースにした手法（case-based method, Ragin 1987）」であるという特徴と関係するだろう．だが，この特徴ゆえに「論理残余」と「矛盾する組み合わせ」について理論的な知見を動員する，事例に立ち返ることを通じて解決する可能性が残されている（更なる議論は，Schneider / Wagemann 2012）．これらの問題がない，ないしは解決される場合は真理表作成に続き「簡単化（logical minimization）」と呼ばれる手続きが行われる．これは因果経路の内で核となる条件を明示化する手続きである（Fiss 2011）．

　以下では，表 5‐4 に基づいての簡単化の手続きを紹介する．簡単化ではまず，真理表で見出せた結果を説明する条件組み合わせが選び取られる．これは第一次の論理式と呼ばれるものである．ここでは具体的に，列番号 3 の ~X1*X2*~X3，列番号 4 の ~X1*X2*X3，列番号 6 の X1*~X2*X3，そして列番号 8 の X1*X2*X3 の四つが表 5‐4 から選択される．この第一次の論理式の中で，1 つだけ原因条件が異なる条件組み合わせを総当たりで比較して，その原因条件の数を減らすことが簡単化の二つ目のステップとなる．例えば列番号 3 の ~X1*X2*~X3 と列番号 4 の ~X1*X2*X3 の条件配列では，~X3 と X3 という原因条件だけが異なっている．そこで ~X1*X2 といった具合に条件の数を減らす．この手続きを全てのパターンで行っていくと，~X1*X2，X1*X3，そして X2*X3 という三つの組み合わせが浮き彫りになる．

　この最小個数に減らされた条件組み合わせは未だ節制の余地を残すものとみなされる．この複雑さを更に解きほぐして，因果経路の応用可能な最大範囲を考えるのが簡単化の三つ目のステップである．この手続きの内訳は，真理表から摘出した原因条件の組み合わせと最小個数に縮約された条件組み合わせを通じて可視化できる（表 5‐5 を参照）．

　表 5‐5 は，列に示された最小個数に縮約した三つの条件組み合わせが，ど

表5-5　簡単化の手続きの一例

		真理表の内から取り出した条件組み合わせ			
		~X1*X2*~X3	~X1*X2*X3	X1*~X2*X3	X1*X2*X3
最小個数に縮約した 条件組み合わせ	~X1*X2	◎	○		
	X1*X3			◎	○
	X2*X3		○		○

出典：鹿又ほか（2001）のデータに従って，筆者作成.

のように真理表内から取り出した四つの条件組み合わせをカバーしているのか
示したものである．◎は，最小個数に縮約した三つの内でユニークな条件組み
合わせのみが第一次の論理式をカバーできることについて示している．具体的
には ~X1*X2 と X1*X3 の◎がそれに該当する．これに対して○は，複数の
最小個数に縮約した条件組み合わせによってカバー可能なものを示している．
これを踏まえた時，最小個数に縮約した X2*X3 のカバー範囲は他のものでも
補いうる，つまり ~X1*X2 ないし X1*X3 という経路が Y という結果をシン
プルに説明する解となる（更なる議論は，Baumgartner / Thiem 2015）．

　以上では議論を容易にするため，1 と 0 の二値を想定したクリスプ集合の
QCA と呼ばれる手続きを紹介した．しかし，このアルゴリズムは 0 から 1 の
間の程度を想定するファジィ集合の分析でも応用可能である（異なる集合での
QCA については，例えば Thiem 2014）．この QCA の基礎を踏まえつつ次節では，
大連立を説明する各モデルについて検討する．

第4節　大連立はいかに説明されてきたのか

　以下ではまず大連立成立に関するモデル検証を進める．ただし各種モデルを
検討するに際して，それぞれの仮説を一度に投入して検討することはない．こ
れは，QCA が現実の多様性の理解を目的としていることに関係する．概念レ
ベルにおいて必要十分条件で規定された各モデルが独立して現実の理解を促す
ものだとした時，それらを混同させることはできないと考えられる．ただし各

90 第Ⅲ部 大連立政権の実証分析

モデルの仮説を例え一度に投入して分析した結果であっても，本章のモデル評価は大きく変わらないことをここに付記しておく．

1 大連立成立に関する分析

QCA はある結果に対する十分条件の分析を目的とするため，必要条件に関する分析を事前に行っている．この時，必要条件であることの矛盾のなさを勘案する「必要条件に関する整合度」と呼ばれる指標が参考になる．QCA では一般的に，この値が少なくとも0.90ないし0.95を超えているものを必要条件とみなせる（Schneider / Wagemann 2012：139-144）．この分析の結果，少なくとも単独で必要条件となるものを各モデルで見つけ出すことはできなかった（章末の補遺・表5-6を参照）．

これを踏まえ，QCA の手続きの一つである真理表の作成を行う．この手続きによって，各モデルにおける仮説の数に依拠した全ての条件組み合わせの内で結果（Y）を促すと期待できるものを特定する．ファジィ集合を想定したQCA では，各条件配列で矛盾なく同じ結果が生じているかという整合性の問題に対し，「十分条件に関する整合度」の値が参考になる．一般的に，この整合度の値が0.75ないし0.80を超える条件組み合わせの内で因果的推論を行うことが推奨される（Ibid.：123-129）．以下では各モデルの仮説に基づいて真理表を作成，それぞれの整合度を算出した結果を示す（表5-3および図5-5を参照）．

図5-5はまず，斜線の入った二本の棒グラフでモデル1の原因条件を表している（$2^1 = 2$）．次に薄い灰色の四本の棒グラフがモデル2における全4通りの条件組み合わせを示している（$2^2 = 4$）．最後に，モデル3における全32通りの条件組み合わせは濃い灰色の棒グラフで表記されている（$2^5 = 32$）．

モデル間での整合度を比較すると，モデル1の最も整合度が高かった値は，モデル2で最も整合度が高かった組み合わせよりも高い．これはモデル1の条件が，モデル2の条件組み合わせより矛盾なく事例を説明できることを示す．またモデル3の最も高い整合度は，モデル1で見出せた最も高い整合度を上回

第五章　19か国内での比較　91

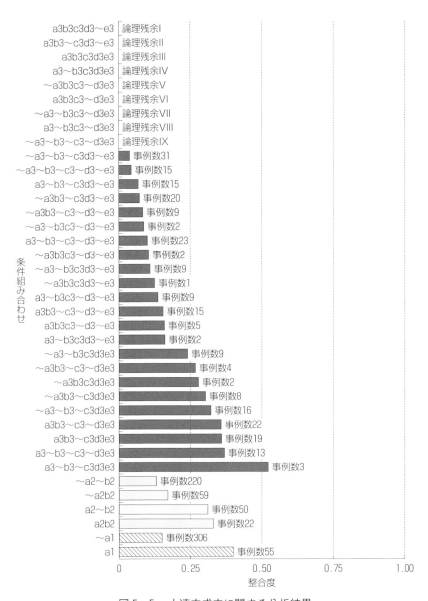

図5-5　大連立成立に関する分析結果
出典：fs / QCA, Version 2.5 (Ragin / Davey 2014) に基づいて，筆者作成．

92　第Ⅲ部　大連立政権の実証分析

っていた．この点はモデル 3 が他のモデルに比べて，矛盾なく事例を説明する
ことを示す．ただしモデル 3 の五条件から構成された条件配列は，一条件で構
成されるモデル 1，二条件で構成されるモデル 2 に比べて説明の仕方が複雑と
も考えられる．

　しかしモデルによる説明の仕方の節約度合いについて，この真理表の分析を
踏まえて更に検討することは難しい．これは，少なくとも整合度0.75ないし
0.80を超える組み合わせが結果を期待できる組み合わせとみなされるためであ
る．このルールに従えば，図 5 - 5 では大連立成立の条件となる一貫性のある
条件配列を見つけだせなかったといえる．

2　大連立不成立に関する分析

　次に大連立の不成立に関する仮説を検証する．これまでの体系だった分析は
集合分析の視点から見れば，正の側面のみならず，負の側面の因果も別途捉え
ることに努めてきたとみなせる（第四章の第 4 節と第 5 節を参照）．ついては各モ
デルのそれぞれの条件で 0 と 1 の間の関係を逆転させて，モデルの妥当性を検
討していく．そこでは先の分析と同様に必要条件の存在を検討しているが，整
合度0.90ないし0.95以上の単独条件を見つけ出せなかった（章末の補遺・表 5 - 7
を参照）．この結果を踏まえて，各モデルでの真理表の作成を行っている．この
時に算出された整合度について図 5 - 6 でまとめている．

　図 5 - 6 は，先で示した図 5 - 5 と同様に各仮説の条件配列の整合度を示した
ものである．そこでは斜線の入った二本の棒グラフがモデル 1，次に薄い灰色
の四本の棒グラフがモデル 2 の条件組み合わせを示している．そして，モデル
3 における条件組み合わせが濃い灰色の棒グラフで表記されている．

　この図 5 - 6 からは全体として，先の図 5 - 5 よりも高い整合度の値を観測で
きる．図 5 - 5 では，大連立成立の結果を期待できる一貫した条件配列を見つ
けだせなかった．これに対して図 5 - 6 では，整合度0.75-0.80以上の条件組み
合わせについて各モデルで確認できる．具体的にモデル 1 では一つ，モデル 2

第五章　19か国内での比較

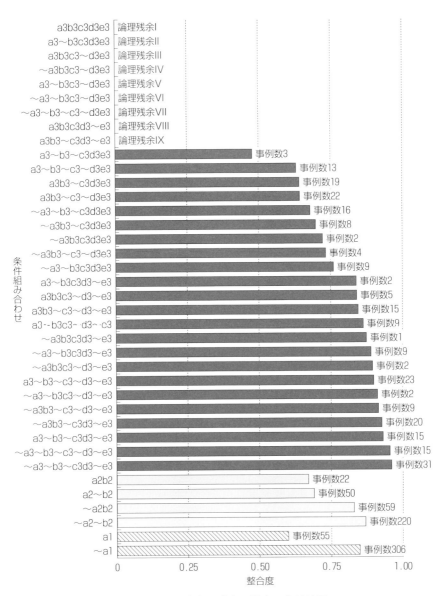

図5-6　大連立不成立に関する分析結果
出典：fs / QCA, Version 2.5 (Ragin / Davey 2014) に基づいて，筆者作成．

では二つ，そしてモデル3では一五の条件組み合わせを特定できる．

ただし整合度の閾値に0.75というルールが画一的に使用されるべきではない．事例群の特徴，具体的には真理表内での整合度の傾向も加味されるべきである（Ragin 2008：Ch.7）．0.75から0.80の間という基準を念頭に置いて図5‒6を眺めた時，モデル1で0.85と0.60の間，モデル2で0.83と0.69の間，そしてモデル3で0.84と0.76の間において整合度が大きく変化していることを見出せる．そこでは整合度0.80以上の条件配列を大連立不成立について期待できる組み合わせとみなして分析する[20]．

では，各モデルがどの条件を核として大連立不成立の事例を捉えてきたのか．この特徴を精査するために，以下では簡単化の手続きを進める（それぞれの分析の結果については章末の補遺・表5‒7も参照）．まずモデル1に関しては簡単化の手続きを行うまでもなく，一条件をそのまま定式化できる．具体的には，政策的に隣接したグループ内で多数派形成に余分な政党が含まれないこと（～a1）が，大連立の不成立に関する条件と導出できる．

モデル1に対して，モデル2，モデル3では複数の条件配列で大連立の不成立を観測できた．ここにおいて簡単化の手続きが有効になる．まずモデル2では，整合度0.80を超えていた ～a2*～b2 と ～a2*b2 という組み合わせを摘出する．これらの組み合わせの簡単化によって，以下のような結果が得られる．それは第一党が多くの議席を占有していること（～a2）が，大連立政権の不成立（～y）の説明条件になるという結果である．この特徴からは以下の点を指摘できる．それは，政策位置が中心にある（～b2）という条件が大連立不成立に関するパターンに含まれていたものの，簡単化の手続きの結果，核となる条件として含まれなかった点である．これは，モデル2がモデル1と同様に単独条件から大連立不成立の説明を行いうるという特徴を示すものである．

モデル3に関しては，整合度0.80を超えていた十四通りの条件組み合わせを摘出する．これを踏まえてモデル2の時と同様に簡単化の手続きに進むのだが，その前に図5‒6で示されている観測できなかった9つの組み合わせ（論理残

余）の問題に対処する．簡単化のアルゴリズムの性質上，この論理残余を使う
のか否かによって導き出される結果は変わりうる（Skaaning 2011）．この点につ
いては，理論枠組みに従って論理残余にいかなる予測を与えうるかを考察する
ことで対処する（方法論的には，Schneider / Wagemann 2012：211-216）．

　そもそもモデル3は大連立を促す多党制という構造的条件（A3），ないしは
大連立を促す制度的条件（B）をベースにする，A3＋Bと表現できるものであ
った．そして概念レベルでの対称性から，〜A3*〜Bという大連立不成立の論
理式も導出できると提起していた．この否定の条件式と比べるために，各論理
残余の条件配列を抽象化する．具体的には，経験レベルに位置する各仮説が構
造的条件ないし制度的条件に属するのかについて特定する．

　まず図5-6の論理残余Ⅰのa3b3c3d3とは，大連立の成立を予測する構造
的条件（A）を全て満たしており，e3とは大連立を促す制度的条件（B）を指
すとも考えられる．ただし，大連立不成立の分析で用いた指標は概念を捉える
のに十分条件と「解釈」していた．そのため，〜a3〜b3〜c3〜d3が〜Aを指
し示して，〜e3が〜Bを意味するのに対して，a3b3c3d3とe3は概念上で否
定の意味も含むはずである．この結果，この分析でa3b3c3d3e3を（A3）と
（B）に抽象化するのは困難となる．次に論理残余ⅡからⅥ，そして論理残余
Ⅸの六つの組み合わせは，構造的条件を指し示す四つの条件の特徴が一貫して
いない．この点からは，これら論理残余には大連立不成立という予測の付与が
難しいと考えられる．最後に論理残余Ⅶ（〜a3〜b3〜c3〜d3e3）と論理残余
Ⅷ（a3b3c3d3〜e3）は，構造的条件ないしは制度的条件で一貫した負の特徴
をもつため，抽象化できるようにも思われる．だが，大連立不成立の分析で論
理残余Ⅷのa3b3c3d3とは，先述のように複数の意味を持ち合わせる．この点
は，論理残余ⅦⅠのe3も同様である．

　以上から仮説を経験的に検証する際，上述の論理残余へ理論的な予測を可能
な限り与えてから解を導出することは難しい．そのため，論理残余は据え置き
にして簡単化の手続きを進めることにしている[21]．

この結果，権限の非対称な二院制ないし一院制という条件（～e3）と結びつく，以下三条件がそれぞれ大連立の不成立を促す条件として導出される（詳しくは，補遺・表5-7を参照）．それは議会政党の数が少ないこと（～a3），党内が一致団結していること（～b3），各党が政策に対して寛容なこと（～d3），という条件である．これはモデル3の次の特徴を明らかにする．まず分極化していないという条件（～c3）が，モデルの核になる条件かどうか疑わしいという点である．二つ目に他のモデルでの単独条件による一元的説明に対して，モデル3は二条件の組み合わせに基づく三つの因果経路を提起している．これは他のモデルに比べて，モデル3の枠組みが経験レベルの多様性に対応しているといえよう．

3　各モデルへの評価

ここまでは，大連立政権の成立と不成立に関する経験分析を行ってきた．この分析結果を基にしてモデルへの評価を試みる[22]．各モデルは，そもそも以下の条件にフォーカスしていた．第一段階のモデルでは，政党間の政策的な類似（A1）という条件であった．次に第二段階のモデルでは，中心的な役割を果たす政党のプレゼンスの弱さ（A2）という条件に焦点が当てられた．そして第三段階のモデルでは政党間関係の複雑さ（A3），そして政党の行動を制約する制度的条件（B）がテーマとなっていた．

だが本章の分析からは，これらを確認ないし反証する証拠を見つけだせなかった．これは，経験レベルで大連立を促すと期待できる仮説の組み合わせを観測できなかったことに起因する．そこでは，大連立成立に関して三つのモデルが説得力をもつのかどうか判別できなかったと結論づけられる．

次に，大連立不成立という側面でのモデルの確かさを検討する（モデルの評価の仕方に関しては，Schneider / Wagemann 2012：297-305）．一段階のモデルは，政党間の政策的な相違（～A1）という条件を提起していた．これに対して本章のモデル1の分析からは，議会での政策位置的に過大規模連合を予期できない政

党配列（～a1）という経験レベルでの条件が大連立の不成立を説明できると提起した．確かに，この分析結果は概念レベルに位置する理論枠組みと直接比べられない．だが政策的な違いから過大規模を予期しない政党配列（～a1）を概念レベルに抽象化することで，政策的な相違（～A1）という大連立不成立の因果経路を導き出せる．これはモデル1の説明と経験レベルでの説明が合致していることを示しており，モデル1の予測が支持された結果と考えられる．

　これと同様の手法でモデル2の説明，中心的な役割を果たす政党のプレゼンスの強さ（～A2）も評価する．そこでは，議会第一党による多くの議席の占有（～a2）という条件を中核政党のプレゼンスの強さ（～A2）に抽象化できる．この式と理論的予測の合致から，モデル1の評価と同様にモデル2の確かさも経験的な証拠を通じて確認できたと言える．

　最後にモデル3の説明，政党間相互作用の簡潔さ（～A3）という構造的条件，そして大連立を促さない制度的条件（～B）について評価する．モデル3の経験分析では，権限の分掌される二院制ではない（～e3）という条件の下で，次の条件が大連立不成立に寄与していることを明らかにした．それは交渉する議会政党数が少ない（～a3），党が一致団結している（～b3），各党が政策に対して寛容である（～d3）という三条件である．ここで示された因果経路は集合論の考えに則って，$(\sim a3 + \sim b3 + \sim d3)^* \sim e3$ と表記できる．そして，これを抽象化することで政党間関係の簡潔さ（～A3）と制約的でない制度（～B）の結合条件の式を導ける．これは，構造的条件も制度的条件もない場合に大連立が成立しないことについて提起するモデル3の予測と合致するものといえよう．

　以上からは，過大規模連合モデルに対する二面的な評価が可能である．一方で，政党間の関係が複雑であることや中核政党のプレゼンスが弱まる「多党制」ないし政党の行動を制約する「二院制」を基にした大連立成立の説明枠組みとは疑わしいものであった．だが他方で，政党間の関係が簡潔になり，中核政党のプレゼンスも強まる「二大政党制」，一つの議会に権限が集中する「一院

制」を基にした大連立不成立の説明枠組みは説得的であったという評価である.

　では，こうした特徴をもった「二大政党制／多党制・一院制／二院制」に基づく理論枠組みは，モデル1からモデル3への時系列的な発展を通じて改善されてきたのか．この点については，主として検討されるべき大連立の成立を説明できていないため，モデルが充実してきたとはいえない．ただし大連立不成立の分析から，モデル3に至って多元的で結合的な因果を考慮した推論ができるようになっていたことを見て取れた．この点から，「二大政党制／多党制・一院制／二院制」に依拠した過大規模連合モデルはその理論的発展によって現実により対応する枠組みを展開させてきたともいえるだろう．

第五章の補遺

表5-6　必要条件に関する分析

		大連立の成立（y）		大連立の不成立（〜y）	
		整合度	被覆度	整合度	被覆度
モデル1	a1	0.32	0.40	0.11	0.59
	〜a1	0.68	0.15	0.89	0.85
モデル2	a2	0.49	0.35	0.21	0.65
	〜a2	0.51	0.13	0.79	0.87
	b2	0.34	0.23	0.27	0.77
	〜b2	0.66	0.17	0.73	0.83
モデル3	a3	0.70	0.26	0.46	0.74
	〜a3	0.30	0.12	0.54	0.89
	b3	0.57	0.21	0.50	0.79
	〜b3	0.43	0.17	0.51	0.83
	c3	0.34	0.21	0.30	0.79
	〜c3	0.66	0.18	0.70	0.82
	d3	0.53	0.19	0.51	0.81
	〜d3	0.47	0.18	0.49	0.82
	e3	0.66	0.31	0.33	0.69
	〜e3	0.34	0.11	0.67	0.88

出典：fs／QCA, Version 2.5（Ragin／Davey 2014）に基づいて，筆者作成.

表5-7　大連立の不成立に向けた因果経路

	因果経路	粗被覆度	固有被覆度	整合度	解被覆度	解整合度
モデル1	～a1	0.89	0.89	0.84	0.89	0.84
モデル2	～a2	0.79	0.79	0.86	0.79	0.86
モデル3	～a3*～e3 ～b3*～e3 ～d3*～e3	0.38 0.38 0.35	0.06 0.06 0.07	0.94 0.91 0.87	0.57	0.90

出典：fs / QCA, Version 2.5 (Ragin / Davey 2014) に基づいて，筆者作成．

注

1 ）　これは，大統領制下で理論が応用できないことを意味するものではない（大統領制下の連合戦略に関する研究として例えば，Cheibub 2007；新川・舛方 2019）．

2 ）　少数政権，最小勝利連合といった他の政権形態との相対的な関係から，過大規模連合に焦点を当てる分析の例を挙げることはできる（例えば，Mitschell / Nyblade 2008）．しかし，過大規模連合モデルに主に焦点を当てた多国間比較は少ない．

3 ）　紛争などによる緊張状態が大連立に影響を及ぼすという議論はあるものの（Indridason 2008），いつ危機認識が働くのか，そしてそれが大連立のメカニズムと繋がるのかどうかについて議論の余地がある．ここでは観測期間中，恒常的に武力紛争に瀕していたイスラエルにおいては，この仮説が機能する可能性を未だ捨てきれないと想定して分析事例から除外している（武力紛争のデータに関しては，Pettersson and Wallensteen 2015）．

4 ）　この事例選択は各国での観測事例の数を可能な限り均一化させるという技術的理由とも関係する．国内の観測事例で類似性が想定される場合，各国間での事例数の不均一さは国の間での相違を不鮮明にする恐れがある（方法論的には，Yamasaki / Rihoux 2009：132-135）．

5 ）　なおドイツの事例では，キリスト教民主同盟（CDU）とキリスト教社会同盟（CSU）という姉妹政党と評される二つの党について別個の政党とみなしている（Schmidt 2002：67）．

6 ）　ここでは，Comparative Manifest Project（CMP, Volkens *et al.* 2015）のデータベースで各政党の政策位置を捉える「rile」の指標を参考にした（Budge / McDonald 2012, McDonald / Budge 2014）．選挙時のマニフェスト各文をコード化，政策位置を推定するCMPの手法以外にもいくつかの手法があるが，本章で対象とするようなパネルデータを体系的に取り扱いうることがCMPの利点である．

なお政策的な右と左を検討する際，CMPの手法で設定されている諸カテゴリーの内で，不必要なものが含まれるという指摘がある．そこで上位カテゴリーを摘出して，それに基づいて左右の政策位置を推定することも提唱されている（Gabel / Huber 2000）．この方法は用いる国，時代区分によって政策位置の重みづけを可能にする．だが他方で，この方法では政策位置に関する基準が扱う国，年によって異なってしまう．そこで本書では，単純にCMPの「rile」という左右の包括的な指標から検討することにした．

7） 二大政党が合計して議席の半分以上を掌握しており，第三党が二大政党の合計議席数に届かない状態を核となる政党が最低限機能しているとも見なせる（例えば，Niedermeier 2010：3）．そこでは第一党の議席占有率25％，その半分の値である12.5％を閾値として応用できる．だが，この閾値に変更しても本章の分析結果に変動はなかった．

8） 算出方法の性質上，差分が大きい場合に値が大きくなる傾向がある．だが，実際の政策的な相違が認識的にいかに捉えられるのか不明確なため，ここではモデルで使われている算出法に準拠した（Crombez 1996）．なお中核政党は議会の第一党としている．そして，この第一党の政策位置について，Volkens *et al.*（2015）らの「rile」を用いて検討している（注6も参照）．なお議会政党の議席占有率で，各政党の政策スコアを重み付けすることも考えられる．だが，小さい政党であるからといって一概にその政策的な位置の意味が消失するとは考えにくいため，ここでは重みづけをしていない．

9） 政策位置と各国の政党システムの特徴を対比させる際に，国別の事例を平均でアグレゲートする方法も考えうる．この国別のグルーピングでは（方法論的には，Thiem / Dusa 2013a：30-31），最小値0を起点に，400-450あたりが政策的な中心・周辺の閾値となる．しかし，こうした閾値を採用してもこの分析で導き出す結果と変わりはなかった．

10） なお経済危機などによって，全体の政策的意向が極端に傾いてしまった状況で，現状維持の大連立が志向されるという仮説は有意とみなされていなかったため，ここで取り上げることはない（Volden and Carrubba 2004：531-532）．

11） 用いた事例の平均・中位の値にしても結果に変動はない．また例えこの閾値を4から6の間で機械的に変更したとしても，導き出される解に大きな違いは見せなかった（方法論的には，Skaaning 2011も参照）．

12） この指標は厳密には，党内派閥の制度化・活性化に関する十分条件と捉えられるべきである．というのもイスラエルなどの事例に見るように，総議席数が少なくとも党内の一体性を欠くことは想定可能であるためである．だが，この指標は相関分析で用

いられてきたという背景から，指標分解する際に正の面のみならず負の面でも十分条件とみなされてきたと「解釈」して分析している．

13) この閾値と相似した値は，カーネル密度関数の分析を通じても導き出せる．その閾値を使ったとしても本章の分析に変わりはなかった．

14) 政策位置は「rile（Volkens *et al.* 2015）」の指標を用いた（注6も参照）．なお分極化に対しては，むしろマイナスの効果を持つとも提起される（Dodd 1976）．もし，この推論が正しかった場合は，大連立の経路で分極化していないという条件が，そして大連立不成立の経路で分極化の条件が含まれると考えられる．

15) この指標については国別の観測事例の平均を通じて，各国の政党システムの特徴と対比することも考えうる．このユニット別のデータを踏まえたグルービングでは，（最小値0を所与に），400-450あたりが分極化・非分極化の閾値として算出されることになる（Thiem / Dusa 2013a：30-31）．しかし，こうした閾値を用いても同様の結果を引き出せる．

16) この点について，最小勝利連合を上回る政権の在り方が多くの予算をつける十分条件になるという逆の因果を想起しうる（Volden / Carrubba 2004：529）．この仮説が正しい場合，多くの予算は過大規模連合の上位集合になっているはずである．つまり本章の分析では，予算の多いことが過大規模連合の必要条件になっているという形で明らかになると予測できる．

17) この指標ではOECDのデータベースを参考にした（OECD 1970；2014）．その際に，1955年以前のデータは欠損となる．しかし税収の比率は，t−1期の比率がt期の比率より下回ることが常であり，大きく上回ることはないという傾向がある．については，1945年から1954年までに見出せる各国の事例には，それぞれの国の1955年のデータを参考にして補完した．

18) この値はクラスター分析では明確に見出せない．ただし，ここで定めた閾値は用いた事例での平均や中位の値とも相似するもので，閾値を機械的に0.26以上0.34以内で変更しても同様の分析結果が得られた（方法論的には，Skaaning 2011を参照）．

19) 確かに議会権力が一院制内でも分掌されるという知見から，強い議会の拒否権という条件が提起されている（Lijphart-Sjölin conjecture, Lijphart 2012：93）．しかし，この一院制内部での権力分掌に関する理論的，経験的な分析は未だ十分なものとはいえない（萌芽的な試みとして，Ganghof 2010；新川 2016）．については，二院制に関する知見のみを取り扱っている．

20) ここでは真理表分析の結果，モデル3における0.76の整合度であった条件組み合わせを外している．しかし，この組み合わせはその性質上，例え簡単化の手続きに含めても本章の仮説検証の結果として提示する因果経路に影響を及ぼすことはない．また

102　第Ⅲ部　大連立政権の実証分析

QCA の手続きでは各条件組み合わせに落とし込まれる事例の頻度から，条件配列の取捨選択を行うことも方法論的に提起されている（Ragin 1987）．しかし，どの事例の頻度が妥当な閾値となるのか．ここでの分析では明白でなかったため，事例数 1 という最小の閾値を採用している．

21)　例えば，a3b3～c3d3～e3 という論理残余を恣意的に入れるならば ～c3*～e3 という因果経路を加えることができる．また解を簡略化させるために機械的に論理残余を利用すると，～e3 という一条件の因果経路を明らかにできる．しかし仮説検証という性質上，論理残余を用いる理論的な理由がなかったことから，こうした解を導き出すことはしていない．

22)　ここでは，因果的メカニズムの確かさについて判断できないため，ブラックボックスとして据え置きにして仮説の評価を行っている（De Meur *et al.* 2009：159-161）．

第六章　2か国内での比較

　第五章では19か国のデータを使って過大規模連合モデルを検討した結果，モデルは未だ大連立の成立を説明するのに不十分であったと提起した．この問題を踏まえて本章では，その改善案をリヒテンシュタインとマルタの事例から探る（図6‐1）．そこではまず，なぜこの2か国が選ばれたのかを明らかにする．次に，この2か国での政権成立にまつわる条件について，それぞれ具体的な例を挙げながら検討する．最後に両国の事例を通じて浮き彫りになる，大連立成立に向けた条件をモデル改善に向けた一案として提起する．

第1節　逸脱事例の分析

　なぜ大連立政権が成立するのかという問いに対して，その成立を予測する条件を第一に参照するべきであっただろう．しかし第五章では，多党制・二院制を基に形作られた理論枠組みが経験的に確かめられず，疑わしいものであると指摘した．モデルの予測がそもそも不確かならば，それを基に改善案を提起する事例研究の意味も不確かになる．ついては大連立の「不成立」を予測した二大政党制・一院制の特徴を基にしたモデル3の条件を応用する（方法論的に，Mikkelsen 2015b も参照）．これは他の大連立の不成立を説明するモデルと比べてモデル3を発展形とみなせたためである．

　ではモデル3の大連立不成立の条件を揃えるにもかかわらず，大連立が成立した事例を探してみよう．こうした事例は，「理論によってカバーされない存

図6-1　第六章の分析の対象

出典：筆者作成.

在する可能性の低い事例（Schneider / Wagemann 2012：301）」と特徴づけられる．これに該当する事例があった場合，その事例を深く検討することがモデルの改善に向けた第一歩になる．

こうした事例については欧州評議会に加盟している48国のデータベースから

見つけ出せた（Siaroff 2000）．それがリヒテンシュタインの事例であった．この国は二大政党制と一院制に分類される一方で，二大政党の連立政権が継続的に成立してきた（Ibid.：328）．この事例は大連立政権の不成立について予測する条件を満たすにもかかわらず，大連立が成立した事例とみなせる．

逸脱事例へ着目する際には異なる条件を揃えた事例と比較することが重要な意味をもつ（Schneider / Wagemann 2012：301-308）．本書では大連立の不成立を促す条件の下で，大連立が予測通り成立しなかった事例がそれに該当する．そこでは二大政党制，一院制という類型にリヒテンシュタインと同様に分類されて，他方で単独政権の継続的な成立を観測できるマルタという国を選出できる（Siaroff 2000：348）．

もちろん，この事例選択の過程では第五章の分析で用いていた国や欧州評議会の加盟国データの事例も候補になるべきであった．しかしリヒテンシュタインとマルタで見出せた共通点を考慮した時に，他は候補から外れている．それは二大政党制・一院制に加えて，議院内閣制を1945年以降継続的に敷いてきたこと，そして小選挙区ではない選挙制度を導入してきたことである（Ibid.：6-8も参照）．

例えば，大連立を実践してきたスイスはそもそも一院制ではないこと，そして多党制であることを読み取れる（Ibid.：445）．については，リヒテンシュタインとマルタに比べて類似性が減少するといえる[1]．また議院内閣制を継続してきたニュージーランドでは，一院制で二大政党制の事例を観測できたが，その当時は選挙制度が小選挙区制であった（Lijphart 2012：133）．そのためリヒテンシュタインとマルタに比べて相違点が未だ見出せるといえる．

以上からリヒテンシュタインとマルタが，二大政党制・一院制という同様の条件を揃えていながら異なる結果を示す事例として選ばれている．しかし，これだけでは両国での観察を通じて具体的に何を明らかにできるのか，明らかではない．というのも，QCA後に行われる事例研究は主として三つの目的をもつためである．それは因果経路の確認，修正，そして発見という三つである

(Schneider / Rohlfing 2014：11).

　この内で，そもそも大連立を説明する因果経路を確認できなかったという理由から，メカニズムについて確認するという一番の目的は適していない．対して，二番目の因果経路の修正という目的をもつことは未だ可能である．これは事例研究を通じて，大連立不成立の因果経路へある条件を付与・修正することで，それをむしろ大連立の因果経路として仮説化する可能性があることに起因する．最後にリヒテンシュタインとマルタの事例から，大連立の新しい因果経路を発見するという目的を持つことも可能だろう．ただしこの場合，因果経路の修正のように先行して存在する背景条件，制約条件が事前に特定されていないため，仮説化に向けた示唆を得るに留まる[2]．リヒテンシュタインとマルタの事例研究がどちらの特徴をもつのかについて，以下では両国の事例の相対的な位置づけから明らかにする（図6-2を参照）．

　図6-2では，第五章で確認したモデル3の第一の因果経路である $\sim a_3^* \sim e_3$（図の上段）と第二の因果経路 $\sim b_3^* \sim e_3$（図の下段）に，各国がどのように当てはまるのかを示した．まず，それぞれの因果経路の意味を改めて確認する．第一の因果経路 $\sim a_3^* \sim e_3$ は，一院制・権力の非対称な二院制の下で議会内会派の相互作用がシンプルである場合に大連立が成立しないことを示している．そして第二の因果経路 $\sim b_3^* \sim e_3$ は，一院制・権力の非対称な二院制の下で各党内が一致団結している場合には幅広い政党間の連立が求められなくなることを意味する．

　これらに第五章で分析した19か国，それに加えてリヒテンシュタイン，マルタの事例[3]を当てはめたものが図6-2となる．具体的には，それぞれの事例における各因果経路への所属の度合い，そして大連立の不成立という結果の値を国別で集計，平均した値をプロットしている．

　この図6-2に見出せるリヒテンシュタイン（LI）とマルタ（MAL）の配置は，以下の可能性を示す．それは見過ごされていた条件をそれぞれの因果経路へ付与して，仮説を修正する可能性である．第一，第二の因果経路でリヒテンシュ

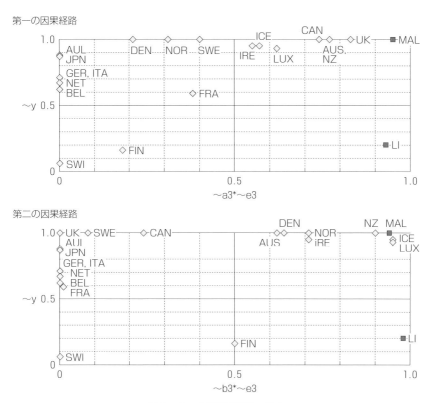

図6-2 仮説修正型の分布

出典：第五章の分析結果を基に，筆者作成．

タインは，大連立の不成立に向けた条件を揃えているものの，それが成立してしまった事例として位置付けられる（「つじつまの合わない逸脱事例（Schneider / Wagemann 2012：28）」）．これに対してマルタは，大連立不成立に向けた条件を揃えていて，それが期待通り成立しなかった典型例として位置づけられる．そこでは二つの事例を区別する条件を特定して，各因果経路の特徴を修正することが事例研究に期待される．しかし，この目標設定には問題も含まれている．というのも，両国が第一と第二の仮説の双方において典型事例・逸脱事例として位置づけられるためである．そこでは両国の事例研究を行った際に，どちら

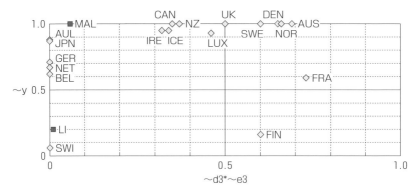

図 6-3 仮説発見型の分布
出典：第五章の分析結果を基に，筆者作成．

の因果経路に両者を区別する条件を付与すればよいのか，厳密な判別ができないことが予期される．

以上から，マルタとリヒテンシュタインの事例を通じて今まで見過ごされてきた条件を付与して，仮説を修正するという試みは困難に直面するといえる．これに対して，以下の図6-3ではリヒテンシュタインとマルタの比較が異なる可能性を持つことについて提起する（以下の図6-3を参照）．

図6-3は図6-2と同様に19か国の事例，そしてリヒテンシュタインとマル[4]タの事例を第五章で確認した三つ目の因果経路 ～d3*～e3 に，国別平均でま[5]とめて位置付けたものである．この仮説は，一院制・権力の非対称な二院制の下で各党が政策に対して寛容である場合に大連立が成立しないことを意味するものであった．

ここにおいてマルタ（MAL）では，第三の因果経路の条件を満たしていない状況（つまり寛容でない）にも関わらず，大連立が成立していないことを観測できる．このような事例は，ある因果経路の十分条件を査定する際に無関係な事例といえる（Schneider / Rohlfing 2014：8）．これに対して，リヒテンシュタイン（LI）は第三の因果経路の条件を満たさず，大連立の成立を観測できた事例である．こうした事例も，マルタの事例と同様に大連立の不成立を説明する条件

を査定する際に無関係な事例となる．ただし，これら無関係な事例は同様の条件を揃えながら異なる結果を示している事例と比較することで意味を成す．第三の因果経路では，マルタとリヒテンシュタインの事例を区別できていない．両国の比較には，仮説構築の段階で見過ごされていた条件群の発見可能性があるといえよう（Ibid.：16）．

第2節　リヒテンシュタインでの政権成立

　ここまでの議論では，リヒテンシュタインがマルタと対照的に位置づけられて，過大規模連合モデルからいかに説明することが難しいかについて明示した．本節ではまず，リヒテンシュタインの大連立を説明する条件について検討する．

1　リヒテンシュタインの政治制度

　議院内閣制を敷くリヒテンシュタインでは，一院制の議会に議員が比例代表制の選挙で選出される．このリヒテンシュタインの議会では，長らく二つの政党のみが存在していた．それぞれ「進歩市民党（Fortschritte Bürgerpartei Liechtenstein, 以下 FBP）」，「祖国連合（Vaterländische Union, 以下 VU）」と呼ばれる．これまで，この内のどちらかの党が選挙を通じて議会の多数派を握るものの，連立政権を作ることが常であった．以下では，リヒテンシュタインで行われた議会選挙の結果，それを受けて発足した政権についてまとめたものである（表6-1を参照）．

　表6-1からは，リヒテンシュタインで戦後から1989年まで二つの議会政党しかなく，1997年と2001年を除き，その二つの政党が常に政権を担ってきたことを読みとれる．リヒテンシュタインで第二党とは，多数派になった第一党の政権へ参画して，その内部からチェックする役割を果たすものと考えられてきた．なぜ，こうした関係がリヒテンシュタインの二大政党の間で築かれてきたのか．以下では，この問いに対して説明を与える三つの仮説的条件を挙げる．

110 第Ⅲ部 大連立政権の実証分析

表6-1 リヒテンシュタインにおける選挙・議会・政権（1945-2009）

選挙年	議会構成			政権構成
	FBP	VU	FL	与　党
1945	8	7	—	FBP, VU
1949	8	7	—	FBP, VU
1953a	8	7	—	FBP, VU
1953b	8	7	—	FBP, VU
1957	8	7	—	FBP, VU
1958	9	6	—	FBP, VU
1962	8	7	—	FBP, VU
1966	8	7	—	FBP, VU
1970	7	8	—	FBP, VU
1974	8	7	—	FBP, VU
1978	7	8	—	FBP, VU
1982	7	8	—	FBP, VU
1986	7	8	—	FBP, VU
1989	12	13	—	FBP, VU
1993a	12	11	2	FBP, VU
1993b	11	13	1	FBP, VU
1997	10	13	2	VU
2001	13	11	1	FBP
2005	12	10	3	FBP, VU
2009	11	13	1	FBP, VU

出典：Marxer (2001：78-87) および Amt für Statistik Fürstentum Liechtenstein (1945-2013).

（1）党への安定した支持

　一つ目に，党エリートに対しての安定した支持という構造的な条件をFBPとVUの連立に関わる条件として挙げる．歴史的に，リヒテンシュタインにおける近代的な政党組織の確立は20世紀初頭にさかのぼることができる（Marxer 2006：299-300）．

　大まかにいえば当時，西の隣国であるスイスの民主化を目の当たりにして，労働者の支持を受けながら，リヒテンシュタインでの民主化を推し進めた集団にVUの起源を見出せる[6]．この勢力に対して，東の隣国であるオーストリアと関係の深いリヒテンシュタイン侯爵（Fürst）とカトリックの権威を重んじる

集団があった．自営業者から多くの支持を受けたこの保守勢力がFBPの原型
となっている．

この価値・文化的アイデンティティ，経済的な利益において異なる社会的亀
裂を代表していた両党のエリートは，様々なコミュニケーション・ツールを通
じて，それぞれの党への安定した支持を確立していった．例えばコミュニケー
ション・ツールとしては，両党と関係の深い新聞（Liechtensteiner Volksblatt,
Liechtensteiner Vaterland, Marxer 2001：107-110）を挙げることができる．

こうした媒体を基にした党への確固たる支持は，リヒテンシュタインの二大
政党の行動に以下のような影響を及ぼしてきたとされる（Geser 1991：12）．そ
れは，FBPとVUがそれぞれ固有の支持を得ていたおかげで，相手党に対し
て過度な対決的姿勢を示す理由がなくなっていたというものである．これを踏
まえると，この二大政党の特徴によって連立が可能になってきたと推測できる．

（2）開かれた一院制

この構造的な条件に加えて，本書では開かれた一院制と呼称する制度的な条
件がFBPとVUの連立に影響を及ぼしてきたと指摘する．この特徴は，リヒ
テンシュタインの二つの政治制度から見出せるものである．一つ目は，有権者
が政治的決断に直接関わることができるスイスを模した直接民主制，そして二
つ目がオーストリアの地に歴史をさかのぼることができる君主制の伝統である．

もともと有権者の権利として1862年の憲法では議会選挙権のみが与えられて
いたが，1921年に制定されたより民主的な憲法で直接民主制の法的な整備がな
された（詳しくは，Schulamt des Fürstentums Liechtenstein 2007）．具体的には国民
発議，国民投票などを通じて有権者は，直接的に政治的決断を行うことが可能
になっている．法案に関する国民発議ないし国民投票は1000人の有権者，ない
し11の地方行政区画ゲマインデ（Gemeinde）の内で3つ以上での支持によって
実行できる[7]．また憲法改正に関する国民発議ないし国民投票も1500人の有権
者，ないし4つ以上の地方行政区画からの支持によって実現可能になる．

他方で君主制の原則は，民主主義の原則，法治国家の原則，そして地方行政

区画の自立性の原則と共にリヒテンシュタインの根幹をなす原則とされる．そこでは，行政府が議会のみならず，君主にも責任を負うことが憲法に記されている（リヒテンシュタイン憲法 Art. 78）．そして国家元首である侯爵は広範にわたる政権運営への協力，サンクション，更には議会の延期・解散に関する権利が保障されている．侯爵は強力な拒否権プレーヤーとしてリヒテンシュタインの政治へ強い影響力を及ぼすことが法制度上では可能と考えられるのである（Büsser 2015 も参照）．

　この他の欧州諸国に比べて強い権限の君主制は，民主政と法治国家の原則を必ずしも妨げるものでないとして，1978年欧州評議会への参画認可に際して障害とはされなかった（European commission for democracy through law 2002：12）．しかし，侯爵の発議に由来する国民投票の結果である2003年憲法改正によって，以下のような権限が付与された．それは，侯爵がいつでも議会を解散できる，必要ならば自身で統治可能，そして政権を議会の承認なしに解散できるといった権限である．その際には確かに，同時に1500人以上の有権者の支持を通じて侯爵へ不信任を突きつけて，君主の存廃を問える法制度が整備されたことを見て取れる．しかし，この改革は他のヨーロッパの民主主義の基準からリヒテンシュタインが遠ざかっていることについて欧州評議会で問題視されるものであった（Ibid.）．

　ただし翌年の2004年のフリーダム・ハウスの評価で述べられているように，民主主義の質をモニタリングしないことが欧州評議会で決定されている．またフリーダム・ハウスの評価自体も，侯爵の権限行使による民主主義の浸食という証拠がないとして民主主義のステータスで最高評価となる FREE（1.0）の値がつけられている（Freedom House 2004；リヒテンシュタインの民主主義の質の議論については，Wolf 2015）．そして，その後のリヒテンシュタインに関する欧州評議会でのレビューを見れば，少なくとも本書の観測期間2010年まで以下の点が指摘される．それはリヒテンシュタインの政治では侯爵が自身の拒否権を振りかざすことを基調とはせず，長きにわたり二大政党が議会での連立を通じて権限

を分掌してきたという点である（Groupe d'Etats contre la corruption 2011：42）.

　以上，有権者による直接的な政治参画と侯爵の権限という二要素をリヒテンシュタイン政治を特徴づける制度として示した．これら議会外の行為者は独立して影響力を行使するよりは，リヒテンシュタインではそれらが議会内の行為者と密接に結びついて立法過程へ影響を及ぼすという（Marxer and Pállinger 2006：42-43）．これは議会に存在する会派（政党）・侯爵が有権者の直接政治参加を促す，侯爵・有権者が政党に政治的決定を促すなどといった形で三者の思惑が立法過程で交錯しうることに基づく．議会へ多様なアクセスの仕方がありうることは，「政治的機会構造（political opportunity structure, Kriesi 2017：281）」の開放性がリヒテンシュタインの一院制の議会に内在しているとみなせる.

　議会外の行為者へ開かれた一院制という制度設計はFBPとVUの行動へ具体的に以下の影響を与えると述べられる（Batliner 1981：146-147）．それは院内会派（政党）のみならず，議会外行為者である有権者と侯爵も直接的に立法過程に影響を及ぼしうるため，FBPとVUは政治運営をより円滑にできる連立を志向するというものである．つまり，この制度の下では二大政党にとって連立が必要なものであったと推測できるのである.

（3）小さい政治空間

　ここまでの構造的条件と制度的条件に加えて，リヒテンシュタインの政治を考える上でかかせないのが，その規模の小ささである．リヒテンシュタインは神聖ローマ皇帝カール6世から1700年代に侯領として認められて以来，二つの領地を基にしてきた．それはウンターラント（旧シェレンベルク領，Herrschaft Schellenberg）とオーバーラント（旧ファドゥーツ伯爵領，Grafschaft Vaduz）である．そこでは約160平方キロメートルの領土しかいない．この狭い空間は，リヒテンシュタインの政治を背景的に規定する条件として指摘される．具体的には規模の小ささが党エリートへの安定した支持を促す，そして有権者が立法過程に参画できる直接民主制を容易に機能させると述べられる（Geser 1991：112；Wolf 2013：11-24；Wolf 2015）.

（4）仮説的条件の位置づけ

以上では，FBP と VU が連立する要因となる二つの直接的な条件と間接的な条件を挙げてきた．具体的には構造的な条件として党エリートへの支持の安定，次に制度的な条件として開かれた一院制，最後に背景的な条件として規模の小ささを挙げた．そして，これらの条件がリヒテンシュタインの文脈ではFBP と VU にとって連立することが可能である，必要であると認識させる引き金になっていただろうと提起した．

この三つの仮説的条件は，リヒテンシュタインにおける二大政党の連立を一般的に説明するものである．だが，リヒテンシュタインのそれぞれの選挙後に成立する政権のユニークな特徴を捉えるものとはいえない．例えばFBP とVU の政策的な近さ，それに基づいて妥協できることが連立の契機になっているとも指摘できる（Marxer 2001：93-94；Marxer 2013 を参照）．

ただし，政策的に近いことが純粋に政権のあり方を決定づけるのであれば連立ではなくむしろ多数派の単独政権を選び取ることが予想される．というのも理論的には，一党のみで政権に就くことが最も政策的に妥協のない政権を作れると考えられるためである（例えば，Sened 1996）．ここにおいて，政策的な近さがリヒテンシュタインの大連立の直接的な誘因であったとは考えにくい．しかし，この政策的な近さはリヒテンシュタインにおいて両党が互いを連立パートナーとして選ぶという選択の過程で意味をもつとは想定可能である．そこでは上述のリヒテンシュタインにおける構造・制度，そして背景条件がFBP とVU の政策的な近さに先んじて影響を及ぼしていると推察できる．

このパートナー選びという点を踏まえると，リヒテンシュタインにおける連立政権の発足に至るまでの因果の鎖，そして細部にわたるメカニズムが問題となる．まず大連立の因果の鎖に関して，そもそもリヒテンシュタインが1930年代にナチス・ドイツの台頭に脅かされていたことを一つの起点と見なせる（Michalsky 1991：137-140）．この緊張状態における両党の協力に向けた地ならしとして，リヒテンシュタインで1939年に比例代表制が導入されている．この選挙

制度改革の経緯は，確かに戦後のリヒテンシュタインの連立パターンを説明する根幹になりうる．だが他国と比較した時，当時の比例代表制への改革が，その後の大連立成立の有無の直接的な原因条件になっていたとはいえない．ここにおいて，リヒテンシュタインで大連立を戦後も継続的に志向させた条件について精査することが必要と考える．

　次にメカニズムに関する議論として本書では，リヒテンシュタインにおける政党間交渉の過程の詳細を考案することは難しい．これは，本章では過大規模連合モデルで見過ごされてきた条件を明らかにするという目的を持っていたことに起因する．因果メカニズムの細部について仮説化するためには，本章で用いるものとは異なる事例研究の手法が求められる．本章ではあくまでも，因果関係に含まれる抽象度の高いメカニズムをリヒテンシュタインの事例で期待するに留まる．[8]

　ここまでは，リヒテンシュタインでのFBPとVUの連立を説明する条件について検討してきた．以下では，この連立メカニズムを作動させる条件について確認する際に重要と考えられる事例を例証していく．

2　1978年の事例

　1978年2月に行われた議会選挙の帰結として，VUは議会の過半数である8議席を獲得，FBPとの連立政権を成立させている（前掲の表6-1も参照）．これは，これまでと同様のFBPとVUの連立政権のように見える．だが，その過程を見れば，政権発足までに二か月以上の月日を要している．これは，リヒテンシュタインにおける通常の連立交渉期間よりも長い．政権発足が難航した原因は，選挙における多数派と議会における多数派が異なってしまった，いわゆる「人工的な議会多数派の問題（Blais / Carthy 1987）」という事態に起因する．表6-2は，1978年のリヒテンシュタイン議会における多数派の不一致を引き起こした選挙結果について示したものである（以下，表6-2を参照）．

　リヒテンシュタインでは11の地方行政区画を基にした二つの選挙区，オーバ

116　第Ⅲ部　大連立政権の実証分析

表6-2　1978年選挙の結果

	FBP	VU
合計得票率	50.90%	49.10%
議席占有率	46.70%	53.30%

出典：Näscher（2005）を基に筆者作成.

ーラントとウンターラントでそれぞれ当選できる議員の数が定められている[9].
そして，それぞれの選挙区で集計された票を基にして議席を比例配分する選挙
制度が敷かれている（ハーゲンバッハ＝ビショフ式）[10].

　この制度の下で1978年時にはFBPとVUの二党しか選挙に参画しなかった
ことで，表6-2のような不測の事態が生じている．そもそもFBPとVUは
1978年選挙の際に，それまでの議会選挙と同様に将来的な閣僚メンバーを提示
していた．また，その際には相手党が第二党になって政権参画することを前提
にして，いくつかの閣僚ポストを空けて閣僚に就くメンバーが公示されていた.
だが上述の問題によって，得票数で優っていたFBPから議会の過半数を掌握
したVUに対して，民主的な正当性に基づく批判が展開されたのである.

　当時のVUの指導者であったハンス・ブルンハルト（Hans Brunhart）は，こ
の2月2日に行われた選挙の後，FBPと連立交渉に入ることを表明していた
（Liechtensiteiner Vaterland 1978a：1）．そしてVUの党首脳部の会合を経て，2月
14日に連立交渉への公的な招待状がFBPに送られている（Liechtensteiner Vater-
land 1978b：1）．これを受けてFBPの意思決定機関（Landesausschuss）では，
VUへの批判があったものの，一先ず連立交渉に臨む党代表者たちを送り出す
ことが決定された．この結果，VUとFBPの間での第一回の連立に向けた会
合が3月6日にアレンジされることになった.

　この会合後，確かにFBPの指導者であったペーター・マルクサー（Peter
Marxer）はVUとの更なる連立交渉を行う意思について示していた（Liechten-
steiner Volksblatt 1978a：2）．だが，その後に行われた第二，第三の会合でも連
立政権の発足に向けた合意を取り付けるには至らなかった．この政党間の合意

を妨げた一つの主要な問題が，大臣職配分の問題，具体的には外務大臣のポストを巡る問題であった（Liechtensteiner Volksblatt 1978b：1）.

難航した連立交渉のため，VU内では単独政権の発足に向けた準備も議論されたが（Liechtensteiner Vaterlnad 1978c：1），FBPとの更なる交渉の余地も未だ残されていた．こうした交渉の場は両党によるアレンジというよりはむしろ，リヒテンシュタイン侯爵の仲介によって4月13日に実現している．この会合においてようやく両党は歩み寄れることを確認して，組閣に向けた共通の素地を見つけだしている（Liechtensteiner Volksblatt 1978c：1）．その後は両党間，そして両党内での意見調整を経て，VUとFBPは4月18日に連立政権を発足させるに至っている．その際に案件の一つであった外務大臣のポストについては，両党の人員が権限を共有することで解決が図られた（Liechtensteiner Vaterland 1978c：1）.

以上からは1978年選挙の問題，人工的な議会多数派がいかにFBPとVUの行動をかき乱したのかについて確認にした．しかし結果的には，長らく続いてきた両党の連立は維持された．得票数での多数派と議会での多数派の不一致の下では，究極的には選挙のやり直しすらも予測されえた．こうした状況は，「もし選挙制度によって多数派がゆがめられてしまった場合，その結果に対して政党は寛容ではいられないだろう」（Rae 1967：75）と一般的に予測されていた状況とまさに合致するものであった.

ここから引き出せる含意とは，リヒテンシュタインでの連立の伝統がこの年の予期せぬ出来事よりも強く影響を及ぼしたという点である．だが，この経路依存の議論を一歩進めれば次のような推論もできる．それは，経路を作り上げる要素として本書が提起していた条件（党への安定した支持，開かれた一院制，小さい政治空間）が，この年の選挙やり直しも考えられる予期せぬ事態より強く影響を及ぼしていた，つまり当時のVUとFBPの間で連立必要性，可能性を共有させたという推論である.

3 1997年の事例

リヒテンシュタインでは，大連立に向けた因果的メカニズムが働かなかった事例を前掲の表6‐2から確認できる．それは1997年と2001年の事例である．なぜリヒテンシュタインでFBPとVUの連立メカニズムが機能しなかったのか．ここでは，1997年の事例を用いて検討する．これは，この事例が1930年代以降から継続的に続いていたFBPとVUの60年にわたる連立が崩れて，単独政権が初めて成立した事例であったことに起因する．

対して2001年の事例では，リヒテンシュタインで連立が成立しなかった更なる理由を勘案しなければならない．これは1997年以降のVUの単独政権という背景に基づいて2001年に選挙が行われたことと関わる．VUの単独政権という試みは政治家の認識，政党の組閣に向けた方針に影響を及ぼしていたと考えられるのである（例えば，Fritz 2001：3を参照）．本章では事例研究の目標設定の都合上，FBPとVUの連立が崩れたことに関してより決定的な条件を検討するために，1997年の事例を取り上げている．

1997年2月に行われた議会選挙では，VUが議会の過半数を握り，FBPは第二党に甘んじる結果となった．この選挙結果を受けて2日後に，VUの指導者オズワルト・クランツ（Oswald Kranz）はFBPに連立政権の継続について話し合う場への公的な招待状を送っている（Fritz 1997a：1）．だが，この会合への参加についてFBPの指導者ノルベルト・ゼーガー（Norbert Seeger）の答えは明確なものではなかった（Schädler 1997：1）．これはFBPの首脳部で既にVUとの連立か野党に下るのか，選挙後の会合において議論されていたことに起因する．ノルベルト・ゼーガーによれば，この会合に参加した首脳陣の90％は野党として活動することを想定していたという．その後は2月25日から27日かけて，FBPの意思決定機関に影響を及ぼす11の党支部の会合（Ortsgruppen）で意見取りまとめが行われた．そして，党の意思決定機関（Landesausschuss）で野党へ下るという方針が賛成71票，反対15票で採択されている．

このFBPの党首脳部の決定に対して，VUの指導者オズワルト・クランツ

は政権発足に向けた公的なアレンジを遅らせることについて決定している．そして彼は，FBP 党大会での最終的な決定まで連立に向けた交渉を行う意思について示した（Fritz 1997b：1）．これに対して FBP は党大会を開き，党代表者たちによる計399票（約92％）の連立に対する反対票をもって，野党へ下ることを正式に決定している．この経緯を踏まえて，VU の党首脳部は組閣に向けた準備を開始して，単独政権を発足させるに至っている．

　この連立交渉の過程を振り返ると，FBP は一貫して VU との連立に前向きでなかったことが明らかになる．この野党に下るという選択肢が FBP 内で現実的な代替案として浮上したのは，FBP 内部での問題に起因している．この党内問題をひも解く背景として1990年代前半に，リヒテンシュタインを取り巻く環境が急激に変化していたことは見逃せない．それは1923年にスイスと関税同盟を締結して以降，スイスフランを貨幣として導入するなど，スイスと同じ道を歩んできたリヒテンシュタインが1990年の国連加盟，1995年の欧州経済領域への加盟など異なる道を歩み始めたことに象徴される．そこでは，リヒテンシュタインの新しい舵の取り方について FBP 内で議論する機運が高まっていたと考えられる．

　こうした背景を踏まえた1997年選挙で FBP は財政削減を打ち出して選挙に臨んでいる．だが FBP の牙城と目されてきた選挙区ウンターラントで得票数が伸び悩み，全体での FBP の獲得得票率をみれば戦後初となる30％代にまで落ち込んだ（Näscher 2005 を参照）．リヒテンシュタインでのアンケート調査によれば，FBP の掲げていたプログラムがこの FBP の選挙結果に影響を与えたと81％の回答者が答えたという（Fritz 1997c：1）．だが，ここで見出せる1997年時の FBP 支持者の不満とは単純に当時の選挙時に提示された党プログラムのみに起因したものであったとはいい難い．それはむしろ，これまでの選挙を通じて FBP 内で小さいながらも徐々に蓄積していたと指摘されている（FBP の党支部での会合，党大会への参与観察を通じて，Marxer 2001：164）．

　以上の党内事情を踏まえれば，1997年においてこれまで確立してきた党エリ

120　第Ⅲ部　大連立政権の実証分析

ートへの支持が深刻に揺らいでいたとみなせる．そこでは，党への安定した支持という連立の条件が欠けており，FBP 内で VU との連立可能性・必要性の認識が共有されず，結果として FBP と VU 間でもそれが共有されなかったと推論できる．

第3節　マルタでの政権成立

前節ではリヒテンシュタインにおける連立に向けた条件を検討してきた．本節ではリヒテンシュタインで見出せた条件について，類似した条件を備えるものの異なる結果が生じていたマルタの事例と比較して確かめていく．

1　マルタの政治制度

マルタもリヒテンシュタインと同様に，議院内閣制を敷いている．大まかにいえば，一院制の議会に議員が非小選挙区の制度を介して選出される（単記委譲式，Hirczy / Lane 1997 を参照）．このマルタの議会で二つの政党，具体的には「国民党（Partit Nazzjonalista, 以下 PN）」，「労働党（Partit Laburista, 以下 PL）」が長らく重要な役割を果たしてきた．しかしリヒテンシュタインと異なって，PNと PL は議会の過半数を握って，それぞれ単独政権を発足することを常としてきた．表6-3はマルタで行われた議会選挙の結果，それを受けて形成された政権についてまとめたものである．

表6-3では，1964年の独立以後から2008年までマルタの議会には二つの政党しか存在せず，その下で単独政権が成立してきたことを読みとれる．リヒテンシュタインでは二大政党がほぼ恒常的に連立してきた一方で，マルタでは単独政権が常であったという違いは何に起因するのか．以下ではリヒテンシュタインで見出せた条件と照らし合わせながら，この点を明らかにしていく．

（1）党への安定した支持

まず党エリートへの安定した支持という条件を検討する時，歴史的には19世

第六章 2か国内での比較 *121*

表6-3 マルタにおける選挙・議会・政権（1947-2008）

選挙年	議会構成				政権構成
	PN	PL	MWP	その他	与 党
1947	7	26	—	9	PL
1950	12	11	—	17	PN
1951	15	14	7	11	PN, MWP
1953	18	19	3	3	PN, MWP
1955	17	23	—	—	PL
1962	25	16	—	9	PN
1966	28	22	—	—	PN
1971	27	28	—	—	PL
1976	31	34	—	—	PL
1981	31	34	—	—	PL
1987	35	34	—	—	PN
1992	34	31	—	—	PN
1996	34	35	—	—	PL
1998	35	30	—	—	PN
2003	35	30	—	—	PN
2008	31	34	—	—	PN

出典：Lane（1992），Malta Elections のデータベースを基にして筆者作成.

紀後半には既にPNとPLのひな形となる集団が形成されていることを確認できる（Frendo 1974, Pirotta 1994：106-108を参照）．具体的にはイギリス統治下で，改革派（riformisti），改革反対派（anti-riformisti）と呼ばれる集団が形作られている．一方で改革派は，アラビア語の影響を受けているマルタ語の使用を重んじて[11]，同時に英語を使用することに利益を見出せた人々の支持を核とした[12]．この集団を基にして，PLは今日において労働者から幅広く支持を受ける世俗的な政党という位置づけにある．他方で改革反対派はイタリア語の使用，イギリス支配に対する反発，そしてカトリックの教義を重んじる集団であった．この集団が土台となって，PNは保守の路線を基調としてキリスト教的な価値観，そして中産階級の価値を説く政党として確立している．

以上から，リヒテンシュタインの二大政党と同様に，マルタの二大政党も異なる価値・文化的なアイデンティティ，経済的な利益を代表することを基に形作られてきた．そして，それぞれの様々なコミュニケーション・ツールを通じ

て党エリートへの安定した支持が確立してきた（例えば，Pirotta 1994：96-97；Lane 1998）．その一例として，各党とかかわりの深い新聞（*In-Nazzjon, L-Orizzont*）を挙げることができる．

だが，この安定した支持を獲得してきたマルタの二大政党の特徴からは，リヒテンシュタインと比べた時に異なる連立行動に関する予測が立てられている．これは党への確固たる支持を選挙時に効率的に動員するために，他党に対するネガティブ・キャンペーンが両党で採用されるという説明に基づく（Hirczy／Lane 1999：11）．そこでは各党への支持が確立しているが故に，両党の対決的な姿勢が促される，つまり連立可能性と必要性が共有されないと推測できるのである．

（2）閉ざされた一院制

以上でのマルタにおける説明は，安定した党への支持によってリヒテンシュタインの二大政党の連立を説明したことと矛盾するようにも見える．しかしマルタにおいては，この構造的な条件ともう一つの条件が結びついていることに注意する必要がある．それは議会へのアクセスの仕方が限られており「政治的機会構造」の開放性が乏しい，いわば閉ざされた一院制と述べることができるマルタの制度設計である．

これはイギリスの議会制度設計を基に考案されたマルタの一院制の特徴であり，リヒテンシュタインの開かれた一院制と対照的な特徴を持っている．例えば，リヒテンシュタインでは国民投票・国民発議を通じて議会外の行為者が政治参画できて，更には地方行政区画からも国政に対して発議が可能であった．これに対してマルタでは国民投票のみが憲法で規定されており，地方行政区画でもそうした発議の権限は制限される（Cini 2002：16）．

これはマルタの議会ではリヒテンシュタインと比べて，議会外の行為者が議会選挙で選出された行為者と密接に結び付き，立法過程で直接影響を及ぼせる機会が少ないことを示している．こうした閉ざされた一院制のマルタでは，議会内の多数派を握ることが最高権力を握ることと同義になる．この制度的特徴

は，権力の掌握を目指す二大政党の多数派形成に向けた争いをし烈なものにさせてきたという（Hirczy 1995：260）．

ここにおいて，政権成立にまつわるリヒテンシュタインとは異なった条件組み合わせが浮き彫りになる．それは党エリートへの安定した支持という構造的条件と，閉ざされた一院制という制度的条件の組み合わせである．これらが相互作用するマルタではPNとPLの間での対決的姿勢，つまり大連立の不成立を予期できるのである（Cini 2002：20-21も参照）．

（3）小さい政治空間

このマルタの条件組み合わせは，更にリヒテンシュタインと同様の小さい政治空間という背景条件の下で更に対決・競争のメカニズムを働かせるとも考えられる．マルタはイタリア（シチリア）の90キロ南，チュニジアとリビアの290キロ北に浮かぶ，領土約316平方キロメートルの島国である．この小さい政治空間が，マルタの政党間競合に間接的に影響を及ぼすと指摘されている．具体的には有権者との距離が近いことで，党への確固たる支持獲得が容易になっているという（Hirczy / Lane 1999：11）．これを踏まえれば，安定した党支持と閉ざされた一院制によって対決的になる両党が，小さい政治空間という背景条件の下で，更にその態度を強固なものにしてきたと予測できる．以下では，これらの条件群がマルタでいかに大連立の不成立に寄与してきたのか具体的な例を挙げて確認する．

2　1981年の事例

本項では，数あるマルタの政権の例でも1981年の議会選挙後に成立した政権に焦点を当てる．これは，先のリヒテンシュタインの1978年の事例と同様の現象をこの選挙で見出せたためである．具体的にはマルタの1981年議会選挙においても，人工的な議会多数派の問題が生じていた（表6-4を参照）．

マルタでは1921年以降から継続して採択されてきた選挙制度，単記委議式によって候補者が各選挙区から議会へと選出されていた．[13] そして無党派の独立候

124   第Ⅲ部　大連立政権の実証分析

表6-4　1981年選挙の結果

	PN	PL
合計得票率	50.90%	49.10%
議席占有率	47.70%	52.30%

出典：Lane（1992）を参照にして筆者作成.

補を除き PN と PL のみが参加していた1981年選挙において，得票数での多数派と議会での多数派が食い違うという事態が起こった．議会多数派の正当性の問題が，リヒテンシュタインで FBP と VU の行動に影響を及ぼしたことは既に示した通りである．マルタでは得票数多数派であった PN が，議会多数派となった PL に対して選挙区のゲリマンダリングであるという批判，そして選挙やり直しの要求を行っていたことを見出せる（Bulmer 2014：241）.

　リヒテンシュタインでは，こうした選挙結果を踏まえて，通常よりも長い二か月以上の連立交渉期間があてがわれていた．マルタのケースはこれと対照的であった．1981年12月に行われた選挙から約一週間後に，1971年から継続していた PL の政権を踏襲する形で，PL の指導者ドム・ミントフ（Dom Mintoff）が首相の座に就いたのである.

　確かにドム・ミントフにとっては，この人工的な議会多数派を解消する方策，つまり選挙やり直しが選択肢の一つにあったとされる（Mizzi 1995：436）．だが政権の他のメンバーは一致して，再選挙の実施に反対であったという．この閣内メンバーの一致した意見の背景には，選挙時の PN と PL の対決的な姿勢があるだろう．1949年以降長らく PL の指導的立場をとってきたドム・ミントフは，この選挙で有権者に対して以下のことを主張していた．それは，「われわれに与しないものは，われわれの敵である」という主張である（Craig 1982：318）．そこでは，PL へ所属しているものは PN と対決する党指導者へ忠誠を示していることを意味していた（Ibid.）．この背景において閣僚メンバーが PL の支持者として，ドム・ミントフを一致して担いでいたという構図が見えてくる（ドム・ミントフのカリスマ性と権威については例えば，Boissevain 1994）.

二党の対決的な姿勢は，リヒテンシュタインと比べて危機的な状況へマルタを導くことになった．それが PN の議会活動ボイコット，そしてマルタにおける議会制民主主義の危機という事態であった．この一年以上にわたって続いた異常事態に対しては，確かに PL 側から何かしらの策をとることが検討されたし，PN 側でも一致した解決を求めることが主張されていた (Lakeman 1982：22；The Times 1982：16)．しかし，両者の議会での関係を根本から改善するような新たな選挙が行われることはなく，PL の単独政権が継続したのである．

この人工的な議会多数派の発生に端を発したマルタでの一連の問題は，最終的に1987年の両党の憲法改正に関する合意によって解決策が見出されている．具体的には，以下の選挙制度改革を行うことがマルタの議会・第三読会でほぼ満場一致で可決されている (The Times 1987a：1)．それは，1981年のような人工的な議会多数派が生じた場合，得票数において多数派であった政党に議会での多数派に達するまで議席のボーナスが与えられるという制度である[14]．これを踏まえて，1984年以降，ドム・ミントフから首相の座を引き継いでいた PL の K・ミフスッド・ボニチ (Karmenu Mifsud Bonnici) が同年における選挙実施を明言している (The Times 1987b：4)．その後，1987年5月に議会選挙が実施されて，一連の問題が終息するに至っている．

3　対決・競争型のドライブ

以上では，マルタの事例でリヒテンシュタインと異なる帰結を生み出していったことについて示してきた．マルタの憲法危機に至る過程は，政権与党が不変で既成政党が順に政権に就く「閉鎖的な政党システム (Casal Bértoa / Mair 2012：88-89)」の安定性に疑問符をつける．この事例ではむしろ閉鎖的であったシステムの中に，システムの脱構築に向けたドライブをかける要因があったと考えられるのである．マルタ1981年の事例からはリヒテンシュタインとの比較を通じて，以下二つの対決・競争に拍車をかけた要因に関する推論を引き出せる．

一つ目は党エリートへの安定した支持が，政党間の排他的な争いと結びついたという推測である．既に指摘したように，議会での多数派と得票数での多数派の不一致という状況で選挙やり直しがマルタで議論されていた．だが結果的には，PLの単独政権が1987年の議会選挙まで継続した．これは，選挙時に対決的な態度を示した党エリートとそれへの確固たる支持を基に，両党が自身を引くに引けない状況に追い込んでいた一つの結果と考えられる．

二つ目は1981年時の問題に直面して，閉ざされた一院制が両党の交渉の糸口を開くような制度として機能しなかったという推論である．同様の問題によって交渉が難航していたリヒテンシュタインの事例では，二大政党以外で立法過程に影響力を及ぼせる侯爵が両党の仲介役を果たしている．確かにマルタの政治制度でも首相とは異なる，1971年まではイギリスの君主が担っていた国家元首が存在する．しかし1981年選挙後の事態において，マルタの国家元首がPNとPLの交渉の糸口を与えるような役割を果たすことはなかった．というのも，マルタの議会から選出される国家元首は独自の強い権限をもたず，不可避的に党派的なルーツに埋め込まれることに起因する（Bulmer 2014：246）．こうした第三者を介在させない閉ざされた一院制の下では，二大政党の排他的な対決姿勢を和らげる契機，両党の譲歩する余地が失われていたと考えられる．

ここまでは不測の事態に直面した時，なぜリヒテンシュタインとは異なり対決姿勢がマルタの二大政党の基本方針となったのかについて検討した．そこでは選挙やり直しを促す不測の事態であったとしても，二大政党が対決するというイギリスを模した政治文化の経路依存が強く働いたと指摘できる．この議論を一歩進めると，イギリスの政治制度を基にしていた閉ざされた一院制，マルタでの安定した党への支持の結合が当時の特異な状況より強く効力を発揮したと推論できる．

第4節　両国の比較分析

　本章では，リヒテンシュタインとマルタの事例における大連立の成立と不成立を説明できる条件について検討してきた．そこでは安定した党支持，開かれた一院制という二つの条件が，大連立へ至らせる条件であったと以下の事例を通じて提起した．

　まずリヒテンシュタイン1978年の事例では，多数派となった議会政党の民主的な正当性が問われ，再選挙も予測できたにもかかわらず大連立が成立した．これは，上述の構造・制度的条件（党への安定した支持と開かれた一院制）が二大政党の協力に影響を及ぼしたことについて否定できないことを示す事例であった．次に，リヒテンシュタイン1997年の戦後初となる単独政権の事例では，安定した党への支持が揺らいでいたため，連立可能性・必要性を両党で共有できなかったと提起した．最後の事例は，リヒテンシュタインの1978年の事例と同じく議会第一党の民主的正当性の問題を孕んでいたマルタの事例であった．憲法危機にまで発展したマルタ1981年の事例からは，安定した党への支持と閉ざされた一院制という条件組み合わせの下で政党間の排他的な競争が行われたことを確認した．こうしたリヒテンシュタインとマルタの三つの事例は，表6－5のようにまとめることができる．

　表6－5ではマルタとリヒテンシュタインの事例で共通していた小さい政治空間という背景条件の下で，いかに異なる帰結が導かれたのかについて示した．そこでは安定した党への支持，開かれた一院制という二つの条件が双方ともに存在する場合，大連立が成立していたことを確認できる．

　確かに本章では，表6－5の列番号4の条件組み合わせ，つまり安定した党への支持がなく，開かれた一院制でもない事例を観測できなかった．しかし，この列番号4は列番号1の組み合わせ効果に関する推論を否定するものではない．これは，両国で見出せた条件群をそれぞれ一つの総体とみなした時，二条

128 第Ⅲ部　大連立政権の実証分析

表6-5　分析のまとめ

列番号	背景条件	原因条件		結果	具体例
	小さい 政治空間	党への安定 した支持	開かれた 一院制	合意型政権	
1	あり	あり	あり	成立	リヒテンシュタイン1978年
2	あり	なし	あり	不成立	リヒテンシュタイン1997年
3	あり	あり	なし	不成立	マルタ1981年
4	あり	なし	なし	—	—

出典：筆者作成.

件以上異なっている列番号1と4を比べるのは容易でないことに起因する（方法論的には，Schneider / Wagemann 2012：186-190）．もし列番号4が大連立成立の因果経路であるならば，列番号1とは異なる条件・メカニズムが働いた結果とみなされるべきである．

　ここまでは同様に二大政党制・一院制であったリヒテンシュタインとマルタにおける大連立成立と不成立を分かつ条件を検討してきた．ここにおいて表6-5の列番号1（具体的にはリヒテンシュタインの1978年の事例）で見出せた大連立の条件組み合わせとは，過大規模連合モデル3に則して次のように抽象化できるかもしれない．まず，党への安定した支持という条件は政党間競合の構造的条件（A3）へ還元できる．次に開かれた一院制という条件は政党間競合を制約する制度的条件（B）へと抽象化される．そして最後に，A3*Bという過大規模連合モデルのA3＋Bに含まれる概念レベルでの条件として提起するというものである．

　ただし，この抽象化の過程では問題が含まれる．過大規模連合モデルは「二大政党制／多党制，一院制／二院制」を基にした一方，本章では「二大政党制，一院制」という大連立とは縁遠いはずの状況で大連立の成立を確認した．抽象化する際にモデルの想定しない矛盾した経験的な特徴が含まれてしまっているといえよう．この矛盾は偶然の産物ないしは取るに足らない些細な問題であるのか．それとも過大規模連合モデルが提示する説明の枠組みに対して再考を迫るものとなるのか．本章は二か国の事例に基づく仮説構築の段階で終了してい

るため，この点については更なる検討が必要である．そこで次章では，本章で得られた知見について，ここまで用いた21か国の内で改めて確認してみたい．

注

1) スイスの事例は理論上，最も異なる条件を満たすものの同じ結果を観測できる事例として比較できるかもしれない．だが，この二つの事例のみが異なる条件を兼ね備えた事例であるのか判別しがたい．ついては全く異なる条件を兼ね備えた事例について更に選んでいく必要が出てくる．この事例数の増加に対して，最も類似した条件を満たすものの異なる結果を観測できる事例では，その性質上，事例数は限りなく 2 に近づく (Tarrow 2010；Berg-Schlosser / Cronqvist 2012：115).

2) これは事例研究における条件のコントロールの仕方と関係する (Lijphart 1971：685；Sartori 1991：16)．発見という作業であるが故に，仮説の確認，修正といった類の事例研究よりも推論は弱いものになりやすい．

3) リヒテンシュタインとマルタの政権，政党数，そして議席数のデータは，欧州評議会に加盟している48か国のデータベースを参照にした (Siaroff 2000)．なおリヒテンシュタインのデータは，1945年から2010年までのデータを用いた（n＝20）．対してマルタのデータは，1966年のマルタ独立以降の選挙から2003年の EU 統合までのデータを用いた（n＝9）.

4) リヒテンシュタインの Tax / GDP の指標は，リヒテンシュタインの統計局（Amt für Statistik 2009：55），および Brunhart *et al.* (2012) のデータを参照して作成している．ただし，これらの資料では税収の指標については1980年以前，GDP の指標では1970年代以前の情報が欠損する．そこで税収の指標については，リヒテンシュタインの統計局から刊行されている1945年以降のデータを参照した（Amt für Staistik Fürstentum Liechtenstein 1945-2013）．そして1970年以前の GDP がそれ以降の年に比べて大きいことはないだろうという仮定から，1970年以前の事例では1970年と同じ GDP のデータを用いて Tax / GDP を算出している．

5) マルタの Tax / GDP の指標は，一貫したデータを取れる1966年から2003年の間で収集している．そこではマルタの統計局が刊行する年次の統計データを参照して算出している (Central Office of Statistics Malta，および National Statistics Office Malta).

6) 詳しくは，VU の源流としてキリスト教社会国民党（Christlich-soziale Volkspartei）という政党が存在して，その後，1936年に別の政党（Heimatdienst zur Vaterländischen Union）と合併，現存する VU ができている．

7) これは1984年の憲法改正後の敷居となる（リヒテンシュタイン憲法 Art. 64）．なお

130 第Ⅲ部　大連立政権の実証分析

1996年の憲法改正以降では以下の法整備も行われた．それは財政に関する法案で一度に30万スイスフラン以上を使う計画，ないし15万スイスフラン以上使う年次計画には，その度に国民投票を実施するという法整備である．

8） ここで用いる発見的な事例研究では，どのレベルまで分析するべきかというメカニズムの無限後退の問題を回避できない（Rohlfing / Schneider 2014：4-7）．

9） 1989年まではオーバーラントから9名，ウンターラントから6名，それ以降ではオーバーラントから15名，ウンターラントから10名が議会選出されるよう定められている．なお，この投票に際しては1986年選挙から女性の選挙への参画が認められており，それまでの選挙では男性のみが参加資格を有していた．

10） 正確には1973年の選挙制度改革によって，前回選挙である1974年から党への投票だけでなく候補者への投票も加味された選挙制度に改変されている．また同時期から議会で議席を得るための得票率の敷居について，1939年以来の18％という阻止条項ではなく，8％という阻止条項が定められている（Marxer 2014を参照）．

11） この影響は，800年代以降のマルタの歴史的な経緯に遡るものである（マルタにおけるアイデンティティ形成については，Frendo 1994を参照）．

12） こうした支持は特に労働者，より具体的にはマルタの主要産業であった造船業に関わる港湾労働者を指す（Cini 2002：10）．

13） この選挙制度の下では，それぞれの選挙区で有権者が個々の候補者に優先順位をつけて投票することが可能になり，その選挙区から複数名の当選者が生まれる．当時の13選挙区という数に関しては1955年まで8区，1971年まで10区であったものを改変した結果である（Lane 1992）．また女性の政治参加は，1921年に男性への選挙権が限定的に認められてから26年後であった1947年に認められている．

14） ただし，このボーナスは議会の総議席数69議席を限度とするものであった（詳しくは，Hirczy / Lane 1997）．

第七章 21か国内での一般化

　第六章では，リヒテンシュタインとマルタの事例を通じて過大規模連合モデルの再考を促すための一案について提起した．本章では，得られた仮説をより広い文脈の中で位置づけて考えてみる．まずは，どの事例群でこの仮説が機能するのかについて検討する．次に，この事例選択の結果として選ばれるリヒテンシュタイン，ドイツおよびオーストリアの州における大連立の指標を検討する（図7-1を参照）．これを踏まえて第六章で大連立を説明した条件，そしてドイツとオーストリアの州の条件を比較可能な形に整える．以上の事例，条件群の内で，第六章の仮説の働きについて，最後にQCAを通じて確認する．

第1節　一般化する際の背景・制約条件

　ここでは，第六章で提起した大連立の条件を検討するための事例群を特定する．その際には第五章で用いた19か国，および第六章で用いた2か国の計21か国を基にその事例群を探る．具体的には，第六章の分析で課されていた背景条件，仮説が内包する制約条件を特定することで分析対象の絞り込みを行う[1]．

1　背 景 条 件

　リヒテンシュタインでは，1930年代に二大政党が連立するための地ならしとして比例代表制の選挙制度が導入された．これは小選挙区制で政党間の調整が難しく，二大政党間の対決・競争が促されるという議論とも関わる（例えば，

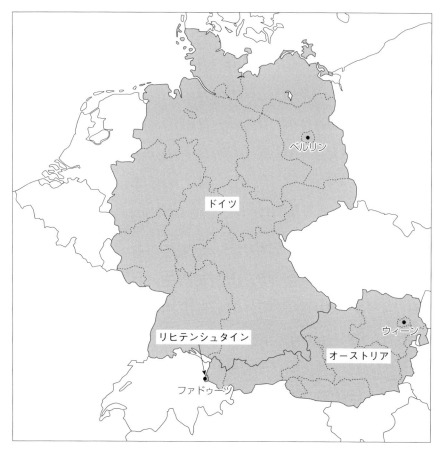

図7-1　第七章の拡張した分析の対象

出典：筆者作成.

Clark *et al.* 2013：Ch.14）．ただしマルタでは小選挙区制ではなかったものの，二大政党の単独政権を基調とした対決・競争を見いだせた．そこでは，イギリスの影響を強く受けていたこと自体が大連立とは異なるメカニズムを促す背景にあったと想定できる．

　小選挙区とは異なる選挙制度の下，イギリスの政治文化の影響も色濃く受けていないユニットで，リヒテンシュタインで見出せた大連立の仕組みが働く．

このように考えるならば，比例代表制とは異なる選挙制度を長らく敷いてきた
国のみならず，アイルランドとマルタという英連邦（コモンウェルス）への参加
経験国も分析対象から除外できる（選挙制度に関しては，Lijphart 2012：133）．こ
の結果，本書で扱ってきたデータの中では，リヒテンシュタインも合わせた計
14か国へ対象が絞り込まれる．

　では，この14か国のどの事例で第六章の仮説を検討するのが妥当か（ランダ
ム・サンプリングの問題，Rohlfing / Starke 2013）．本章では仮説の前提となってい
た条件として，マルタとリヒテンシュタインで見出した「小さい政治空間」と
いう背景条件に注目する．この条件について第六章では有権者との距離という
視点から述べた．だがこの条件は，制度設計の不十分さ，基本政策（社会保障，
防衛・外交，貨幣など）でより大きなユニットからの影響を受けやすいといった
マクロの特徴も内包する（Maass 2009）．

　従来の研究では，こうした特徴も一括りに捉える指標として総人口が用いら
れて，25万人や50万人といった閾値が用いられてきた（例えば，Anckar 2008：
440-441；Lijphart 2012：50）．だが制度設計の不備や他への依存はそれぞれのケ
ースでの程度の問題であって，人口がどれほどの時に小さい政治空間なのか一
意に求められるものでない（Anckar 2013：14）．本書では，どの事例が小さい政
治空間でありうるかという観点から，分析対象とした計21か国内で総人口6000
万人超と突出していた国で小さい政治空間のもつ効力は発揮しないと想定した
（データは，Lijpahrt 2012：54-55）．具体的にはフランス，ドイツ，イタリア，日
本，イギリスの5国が該当している．

　ただし，小さい政治空間という条件は主権国家の下位単位においても働くと
提起される（Rush 2013：177-179）．この点は，第六章で取り扱ったリヒテンシ
ュタインの事例から裏付けることができる．中央銀行の機能などをスイスに委
託するミニ国家リヒテンシュタインは，自立性の高い地方政府ともみなせるの
である．本章では，完全に中央に従属していないとみなせるユニットを検討す
る上で国別での地方の権限を参考にする．もちろん地方分権は程度の問題であ

134　第Ⅲ部　大連立政権の実証分析

り，その推移も見過ごせない（Hooghe *et al.* 2016 を参照）．しかしここでは議論を簡単化して，地方分権が比較的進んでいた，ないし連邦制を敷いていた国を選び出している（Lijphart 2012：178）．この基準を踏まえると小さい政治空間という条件を満たしていなかったドイツと日本でも，その地方レベルならば分析対象となる．反対に中央集権的な特徴からアイスランド，ルクセンブルクの地方レベルのユニットは分析の対象外としている[2)]．

2　制 約 条 件

　前項では第六章の分析に課せられていた背景条件を明示化して，分析対象のしぼり込みを進めた．それは「小選挙区制でない」，「コモンウェルスへの参加経験なし」，そして「自立した小さい政治空間」の三つであった．これを踏まえて，以下では仮説に内在する制約的な条件を浮き彫りにする．

　まずは政権で核となる政党の数に着目できる．例えば仮説を引き出したリヒテンシュタインの事例では，FBP と VU という二大政党の連立交渉を観測している．これは，スイスやフィンランドで見られるような三つ以上の政党による連立交渉と比べてシンプルといえる（交渉コストの問題，Müller 2004）．こうした特徴については，1945年から2010年の間で各国の最も低い議会有効政党数の値から検討する（Lijphart 2012：74）．これは各ユニットで政党数の増加という変化があるものの，最低数を知ることで中央，それに従属する地方ユニットの根幹となる政党数を推し量れると考えられるためである．なお，その際には有効政党数2.5という基準で区分する．これ以下の値であれば，二つ以下の少ない政党が主要な地位にあり，政権の核となる政党数も二つ以下に減少するだろうと指摘されている（例えば，Siaroff 2003；Ganghof 2012）．

　次に，第六章の仮説とは一つの議会にのみ有権者の代表が選出されるという「一元代表制」の事例から導出していた．この点は，第五章の事例における「大統領制ではない」という条件と類似しているが，「一元代表制」という条件はより狭い意味をもつ．というのも二元代表制と一元代表制の間に位置づけら

れる，いわゆる半大統領制の事例も除外されるためである．具体的には，オーストリアの連邦レベルやアイスランドなど，有権者によって元首が直接選出されている事例が分析の主対象でなくなる（一元代表制と二元代表制の基準は，Lijphart 2012：108）．

三つ目に，「一院制」という条件を挙げる．これは開かれた一院制というリヒテンシュタインの制度を分析した第六章では，二院制の下でのメカニズムを考慮していなかったためである．ここでは二院制について広く定義して，一つ以上の立法府が独立して機能している事例は一院制でないというカテゴリーに分類する（指標は，Ibid.：199-200）．ただし，ここで採用する基準ではルクセンブルクの「国家諮問院（Conseil d'État）」という機関を捉えきれない（Schoren 2008：122-125）．大公によって構成員が選抜されるこの機関の存在から，ルクセンブルクは追加で純粋な一院制ではないとみなした．

3　一般化に向けて

ここまでは，第六章で示した仮説に含まれていた「小選挙区制でない」，「コモンウェルスへの参加経験なし」，「自立的な小さい政治空間」という背景条件に着目した．そしてこれら条件を満たすユニットにおける「政権で核となる政党の少なさ」，「一元代表制」，「一院制」という制約条件を通じて分析対象の絞り込みを進めた．以下では，その条件を多く満たしていたユニットについて明らかにする（図7-2を参照）．

図7-2は背景条件を満たしたユニット内で，より多くの制約条件を満たすものはどれかについて示している（地方レベルのユニットは「（Sub）」と表記）．そこでは条件を全て満たすユニットとしてリヒテンシュタイン，ドイツとオーストリアの州を特定できる（図7-1を参照）．

この分類結果は，いわゆる「ドイツ語圏」の事例で偶然重なったとは考えにくい．例えばドイツ語圏は地政学的な要衝として機能してきた「都市ベルト」と密接に関わっており，高い自立性を育む土台があったとされる（Rokkan

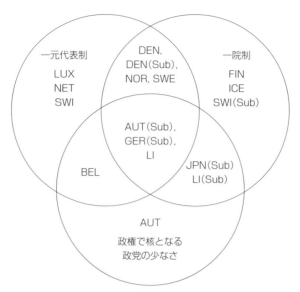

図7-2　背景条件を満たしたユニットの分類
出典：筆者作成．

1999：Ch. 4)．また歴史的にも，中央の決定をそれぞれの地方の意思統一を図らせた上で行うという交渉・合意型の政治様式のひな型を同地域で見て取れる（Lehmbruch 2003：Ch. 7)．そこでは同地域の政治，社会，文化的なインフォーマルな特徴について，それと互いに補強しあう関係にあるフォーマルな特徴から捉えることができたと解釈できる（Lauth 2015 も参照)．こうした歴史的な発展の共通性も踏まえれば，ドイツ語圏で第一に仮説の応用可能性が検討されるべきだろう．

　また図で示される制約条件をそれぞれ一つずつ取り除くことで，異なるグループを射程に収めることができるようになる（Rohlfing 2012：Ch. 9 も参照)．そこでは議会制発展の過程が共通している「自由型」，「多極型」，「保守型」という三グループでの一般化の道筋が見えてくる（理論的には Rokkan 1971；方法論的には Møller / Skaaning 2015：13-15)．

　まず「自由型」での一般化とは，「政権で核となる政党の少なさ」という条

件の緩和が第一歩となる．そこではデンマーク，ノルウェーなど北欧の事例を中心に，多元社会とみなされないユニットが第一のターゲットになる（Lijphart 2012：54-55）．言語の標準化を伴う領域統合の後，早期に議会制の発展が進んだこれらの例からは，更にフィンランド，アイスランドといった例への一般化が視野に入る．次に「多極型」グループでの一般化とは，「二院制」のユニットも分析に含めることで進む．そこでは具体的に，ベルギーが次の分析候補となる．この言語的調整を基に議会制が早期に発展した例からは更に，図の左側に位置するオランダ，スイスといった例へ分析の射程が伸びる．最後に「保守型」のユニットでの一般化とは，「一元代表制」でないユニットに目を向ける．この時，リヒテンシュタインと日本の地方レベルが次の分析のターゲットとなる．数世紀かけて文化的統合が進み議会制発展の遅れていたこれらの例からは，更にオーストリア連邦レベルへの分析拡張の道筋が示される．

第2節　大連立を精緻に捉えるために

　以上では，ドイツとオーストリアの州への拡張した分析の可能性を提起した．このドイツ語圏の分析を進めるため，まずはどの事例が大連立であるのかについて再検討する．第六章の分析では二党の連立を大連立，そして単独政権を大連立でないと分類した．だがドイツとオーストリアの州では二党の連立といってもいくつかのパターンを観測できる．そのため，そこに大連立か否かという区分を見出すことは難しい．リヒテンシュタインで見出せた大連立と比較可能な指標を検討しておく必要がある．

1　指標の問題

　大連立を捉える指標として，第五章の多国間比較では「議会多数派確保のために一つ以上余分な政党を含む」という指標を用いた．だが，この分類法はドイツ語圏のケース・スタディには不向きである．例えば，リヒテンシュタイン

1993年2月選挙後の二大政党の連立は両党のどちらかが過半数を超えなかったために大連立とならないが，同年10月選挙後のケースは大連立になる．この点は，五年おきに行われるオーストリア・ブルゲンラント州の議会選挙後に成立した政権からも例証できる．「一つ以上余分な政党を含む」という分類基準に従えば，1977年，1982年に成立した二大政党の連立を大連立に区分できる．他方で同州の1972年，1987年に成立した同一の二大政党の連立は大連立ではないと区分することになる．

こうした問題を回避するために，「一定以上の議席占有率を有した連立政権」という補完的な指標を用いることが提唱されている（Lijpahrt 2012 : 95）．これによって，先のリヒテンシュタインやブルゲンラント州の事例を大連立に分類可能となる．だが，連立与党が議会でどれほどの議席を占めている場合に大連立とみなせるのかという恣意性の問題を避けて通ることはできない（Ganghof 2010 : 682）．

また二つ以上の指標の使用は，指標の組み合わせの正当性へ疑問符を付ける．これは「一つ以上余分な政党を含む」という主な指標以外に，「一定以上の議席を有する」かつ「連立している」という二つの指標を別途組み合わせて用いることに起因する．確かに，「連立している」という指標は「一つ以上余分な政党を含む」の上位集合とみなすことができる．しかし，なぜ「一つ以上余分な政党を含む」という指標と「一定以上の議席を有する」という指標を合成してはならないのか．この組み合わせの正当性を理念型から規定される大連立の概念構造から説明することは難しい（第三章の図3-2を参照）．

2　指標の再構成に向けて

前項からドイツ語圏の大連立分析においては，不十分な分類法，恣意的な二分化，指標組み合わせの正当性という三つの問題に直面する．これらの問題に対して本章では，ファジィ集合に基づく認識カテゴリーという考えから対処する．第一に不十分な分類法という問題に対しては他の指標を用いることで補完

する．次に恣意的な二分化に対しては，所属の度合いから捉えることでその問題に取り組む（Lauth 2009：168-169）．これによって0.1，0.2，……，0.8，0.9といった程度を考慮して，1と0の二分により生じる情報の消失を緩和する．最後に指標組み合わせの正当性は，リヒテンシュタイン，オーストリアおよびドイツの州の事例と突き合わせることで対処する．具体的には，用いるドイツ語圏での各政権への実際的な認識・評価から分類を再検討する．

こうしたファジィ集合に基づく認識的なカテゴリーを鑑みるにあたって，QCAの手続きが役に立つ（石田 2009：Elman 2005 も参照）．というのも経験的なカテゴリーとは，ある状況である認識が引き起こされるという因果的な関係の上で成り立っているとみなせるためである（例えば，Gärdenfors 2014：44-47）．こうしたある認識を引き起こす状況（条件組み合わせ）を明らかにするために，真理表分析と簡単化の手続きが以下のように活用される（QCAの手続きについては，第五章第3節も参照）．

まず真理表の作成によって，指標の組み合わせ（類型）に関する以下の情報を明らかにする．一つ目は大連立の意味に対応する指標の組み合わせ，つまり2^k個の類型を明示化する．この時，全ての指標を満たす類型を大連立の理念型とみなすことができる（Collier / Levitsky 2009：27）．ここにおいてあるカテゴリーの認識が引き起こされると想定できる一方，全ての意味を含まない二次的な類型では同様のメカニズムが働くのかについて不鮮明である（Møller / Skaaning 2011：25-26）．そこでは真理表に含める二つ目の情報，それぞれの類型での経験的な認識・評価が役に立つ．ただし，この大連立の認識・評価を受ける組み合わせは，多岐にわたることが予想されて，カテゴリーの乱立も考えられる（Bailey 1994：26-27）．そのため最後に，簡単化の手続きを通じて大連立であるか否か分類する節約的な指標組み合わせ（類型）を特定する．

3　類型化の手続き

前項の対処法を踏まえてリヒテンシュタイン，そしてオーストリアとドイツ

140　第Ⅲ部　大連立政権の実証分析

の州の大連立カテゴリーを再検討していく．なお，その際には，ドイツ再統一
後である1990年から2010年までの政権の事例を基にする[4]．本項ではまず，大連
立の認識・評価を引き起こす状況に光を当てる．具体的には，本書の第三章第
３節で提示していた大連立の三つの意味に対応した指標を検討する．

（１）政権レベルでの意味（g）

より多くの政党と交渉を行うという政権レベルでの意味に関しては，政権に
参画した政党の数に着目する．だが，いくつ政党が政権に参画したことで，よ
り多くの政党と交渉を行っていることについて意味するのかは判別が困難であ
る．というのも，政権与党の数の意味はそれぞれの文脈に依存するためである．
そこでは，「議会多数派確保に少なくとも一つ以上余分な政党を含んでいる政
権」という指標にその役割を割り当てた．この条件を満たす場合に，より多く
の政党と交渉を行うことになるだろうとして１を設定する．そしてそれ以外へ
０の値を設定した．

（２）議会レベルでの意味（l）

次に議会レベルでの意味，つまり議会から多くの支持を得ているという内容
は与党の議席占有率を指標として用いる．なお，この指標は連続値の特徴をも
つため，ファジィ集合の考えを応用する．まずは与党が議席の51％しか占めて
いない場合，議会から多くの支持を得ていないと想定した．これは50％を下回
る支持は議会の多数派でないことを意味しており，51％とはそれを僅かに超え
る値になるためである．

次に，80％を占めていることを議会レベルでの意味について十分満たす値と
して設定している．確かに100％占めていることを理論上の最大値として設定
可能かもしれないが，経験的に多く観測できる現実的な値とはいえない．そこ
で比較分析において議会から多くの支持を確かに得ているとみなされる厳しい
値，80％へと引き下げた値を用いた（Lijphart 2000：230）．

最後に60％という閾値を，議会から多くの支持を得ているかどうかの閾値と
した．確かに議会三分の二である66％，70％など，100％に至るまでその閾値

設定が様々に行われる可能性がある．しかし，議会支持を多く得ているとみなされる値が国際比較で60％を下回っていることは極めてまれなため（Czada 2010：Niikawa 2018も参照），その最低限の値とみなせる60％という値を用いた．

（3）社会レベルの意味（s）

三つ目に社会での幅広い意見を反映しているという意味は，政党間での大臣職配分の割合に着目した[5]．この指標も先の議会レベルでの意味を捉える指標と同様に連続値としての特徴を持つため，ファジィ集合の考えを応用した．

そこではまず，一つの政党が大臣職を100％占めている政権である場合は幅広い意見を反映していない政権とみなした．次に組閣を主導した政党が他党に全体の50％以上の大臣職を配分している場合，幅広い意見を反映している政権としている．これは組閣を主導した政党が大臣職の多数派を有しておらず，他の政党が多くの意見を代表していると見なせるためである．三点目に，幅広い意見を反映しているか否かを分かつ敷居の値は次のように検討している．

まず，リヒテンシュタインにおける二大政党の連立政権では60％という比率が閣僚ポストの分配において常であった．対して，リヒテンシュタイン1997年と2001年の単独政権の事例は100％という値を観測できた．ついては，二つの代表の仕方を区別できる61％から99％の間で閾値を設定するべきである．

だが61-99％の間での閾値設定に関して，オーストリアとドイツの州における大臣職配分の仕方は多様である．そこでは，行政を統括する連邦政府レベルでの大臣職配分の割合を参考にした[6]．ここでの分析からは，幅広い意見を反映しているか否かを区分する閾値として66％という値を導出できる（図7-3を参照）．

図7-3では各州の事例で観測したことで見えてくる大臣職配分の仕方の分布について，カーネル密度関数（bw＝0.01）を通じて示した（白色：オーストリア，灰色：ドイツ）．この時，それぞれのデータの共通した切れ目を見出せた．それは白色のオーストリアの0.65以上から0.80以下の間，灰色のドイツの0.59以上から0.67以下の間である．

第Ⅲ部　大連立政権の実証分析

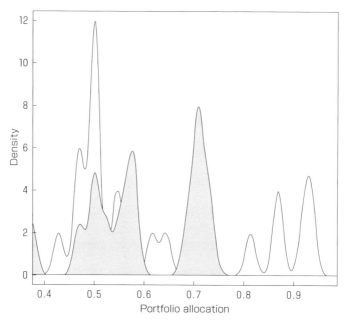

図7-3　連邦レベルにおける大臣職配分
出典：QCApro (Thiem 2016) に依拠して筆者作成.

　一方で白色のオーストリアに関するデータ分布で，0.80というスコア以上の事例としてオーストリア国民党（ÖVP），オーストリア社会民主党（SPÖ）の単独政権が当てはまった．他方で灰色のドイツに関するデータの分布で，0.67のスコア以上の事例としてドイツ社会民主党（SPD）と自由民主党（FDP）の連立政権，並びにSPDと緑の党の連立政権が該当した．オーストリアの連邦レベルでは伝統的に，二大政党の連立を政権運営の基調にしてきた．またドイツの連邦レベルでは，キリスト教社会同盟（CDU）の参画を政権運営の基調にしてきた．そこではドイツとオーストリアの文脈で，それぞれのデータの共通した切れ目で明白に区別されるべき事例があったといえよう．以上から0.65から0.67の間の数値で，リヒテンシュタインの閣僚配分も区別できる0.66という閾値を採用している．

第七章　21か国内での一般化　*143*

（4）大連立の認識・評価（c）

　最後に，実際に成立した政権が大連立であったという政権に参加した政党の認識・評価を操作化する．だが，1990年から2010年にかけての認識・評価に関するデータを入手することは難しい．ついてはリヒテンシュタイン，ドイツ，そしてオーストリアの文脈に根ざす，特定の連立パターンを参考にした[7]．

　まずリヒテンシュタインでは，長らく続いてきた FBP と VU の協力をその該当例とした．次にオーストリアでは，ÖVP と SPÖ の連立，いわゆるオーストリアでの「大連立政権」にその該当例として 1 をあてがった．最後に CDU と SPD による，ドイツでの「大連立政権」にも 1 を付した．これらに対して，該当しなかった事例へ 0 を付している．

　ただし，この大連立の認識に関する推論はドイツとオーストリアの州で問題を含む場合がある．それは ÖVP と SPÖ，ないし CDU と SPD が二大政党でない場合に生じる．例えば2009年ブランデンブルク州では，左翼党（Die Linke）と SPD が連立政権を発足させている．この当時の SPD と CDU の連立によって占有できるブランデンブルク州議会での議席占有率は Die Linke と SPD の連立よりも少なかっただろうし，大臣職配分の割合もより不平等なものであったと予測できる[8]．

　こうした「大連立政権」以上に大連立とみなしうる事例に対しては，以下のように対処する．それは事例内で ÖVP と SPÖ，ないし CDU と SPD の「大連立政権」よりも，大連立の意味・指標を多く満たす政権であった場合，その観測事例に 1 を付すという対処である．

　また ÖVP と SPÖ，CDU と SPD の連立よりも大連立の指標を多く満たしていない事例の内で，各州の文脈から大連立でないと明確に判別できなかった事例へ0.5の値を付した．これは本章で用いるデータでは以下の四事例が該当した．それはドイツのブレーメン都市州1991年，メクレンブルク・フォアポンメルン州1998年，2002年，そしてオーストリアのフォアアールベルク州2004年の四事例である．

144　第Ⅲ部　大連立政権の実証分析

　まずブレーメン都市州1991年の事例とは，SPD，FDP，緑の党の三党連立（いわゆる『信号機連合』）が成立した事例である．この1991年の連立交渉の際には，交渉を主導した SPD にとって「大連立政権」と「信号機連合」という連立の仕方が天秤にかけられていた（Bullwinkel *et al.* 2011：100）．そして選ばれた「信号機連合」に続く1995年，1999年選挙では SPD と CDU の連立が成立している．そこでは，1991年の事例を同州における1980年代までの SPD 単独政権から「大連立政権」への転換点とも見なせる．ブレーメン都市州の文脈を踏まえると，1991年の事例が明白に幅広い合意を取り付けていないとは判別できないために0.5を付すことにした．

　次にメクレンブルク・フォアポンメルン州の事例では，SPD と民主社会党（PDS）の連立を観測できる．この事例は議会に SPD，PDS，そして CDU の三党しか存在しない内で行われた連立であった．そこでは SPD にとって連立のパートナーは，「大連立政権」となる CDU 以外に PDS しかいなかった．また，この連立は同州における1994年の「大連立政権」，そして2006年の再びの「大連立政権」の間の時期に位置づけられる．そして1994年から2006年にかけて，SPD のハラルド・リングシュトルフ（Harald Ringstorff）が州首相代行，そして首相として参画しているという継続性も見て取れる（Grabow 2008）．ついては1998年と2002年の事例が「大連立政権」の代替と位置づけられていたとも解釈できる．そこでは，この2事例を明白に大連立でないと分類することが難しいため，これらの事例へ0.5の値を付した．

　最後にフォアアールベルク州の事例は ÖVP と自由党（FPÖ）の連立である．問題とする2004年の事例は，ÖVP が議会第一党，FPÖ が第三党として政権に参画していた．だが，この ÖVP と FPÖ の協力関係は1970年代以降，継続的に行われてきたものである．そこでは ÖVP と SPÖ の連立政権に代わって，この連立政権が同州で合意型の政権と見なされる（Wanner 2000：456）．また，この2004年に続く2009年の事例では ÖVP の単独政権が発足している．2009年の事例を大連立ではないと述べることができるかもしれない．しかし2004年の

第七章　21か国内での一般化　*145*

表7-1　大連立の類型に関する真理表分析

列番号	大連立政権の指標			経験的認識	整合度	事例数
	g	l	s	c		
1	1	1	0	1	1	5
2	1	1	1	1	1	17
3	0	1	1	1	0.78	35
4	0	1	0	0	0.35	6
5	0	0	1	0	0.21	15
6	0	0	0	0	0.09	50
7	1	0	0	—	—	0
8	1	0	1	—	—	0

出典：fs／QCA, Version 2.5 (Ragin／Davey 2014) に基づいて，筆者作成.

事例は，同州で長らく続いてきた合意型を重んじる政権の延長線上にあったとも解釈できる．そこでは幅広い合意をとりつけていないとは明確に分類できないため，この事例へ0.5の値を付与している.

4　カテゴリーの導出

　ここまでは大連立の類型を再構成する三指標（g, l, s），そしてリヒテンシュタイン，ドイツおよびオーストリアの州での認識的カテゴリー（c）を検討した．これを基に本項では，大連立の類型を導出するため，まずは真理表を作成する（表7-1を参照）[9].

　表7-1は各指標の組み合わせに基づく8つの類型，そしてそれぞれの組み合わせ（類型）の整合度，そして各類型に分類される事例数を表示している．この中で，整合度は各類型が大連立であるという認識・評価を伴うのかどうか検討する材料となる．一般的な議論から，整合度0.75-0.80を下回る類型は疑わしいといえる（Schneider／Wagemann 2012：127）.

　この点について，全ての指標を満たす列番号2の類型は整合度1.00である．そのため，大連立と一貫して認識される類型であるだろう．この理念型に加えて，列番号1と3の全ての指標を満たさない二次的な類型も整合度1.00，そして0.78と0.75の基準を上回っていた．そして他の観測できた組み合わせの整合

146　第Ⅲ部　大連立政権の実証分析

度は0.35，0.21，そして0.09と大きく差が開いていた．以上から例えいくつか
の属性が欠けていたとしても，ドイツ語圏では大連立という認識を受ける状況
があるとみなしている[10]．

　これを踏まえて真理表の分析を行った結果，二つの大連立の基準が導出され
る．一つ目は「議会多数派になるのに余分な党を含み，かつ議会で60％以上の
議席を占める（g*1）」という基準である．このタイプ１ともいうべき大連立の
在り方は，多国間比較で用いられてきた過大規模連合のカテゴリーと相似してい
る．そして，用いたリヒテンシュタイン，ドイツ・オーストリアの州の事例
でこの分類に落とし込まれる事例の割合は約18％であった[11]．これは第五章の19
か国の分析で示していた大連立の集計結果，19％という比率と大きな違いはな
い．

　ただし二つ目の基準である，「議会で60％以上の議席を占め，かつ与党第一
党の大臣職配分の比率が66％以下（l*s）」に目を向けると異なる結果が見えて
くる．先のタイプ１に対して，タイプ２と呼称できるこの分類に落とし込まれ
る事例の比率は約39％である．もちろん，タイプ１とタイプ２の分類は排他的
でないため，二つのカテゴリーの属性を有した事例も観測できる．だが大連立
の総事例数の比率43％の中での39％という値から，過大規模連合とは異なる合
意型の政権がリヒテンシュタイン，ドイツおよびオーストリアの各州で顕著に
見出せるといえよう．

　では具体的に，ユニット別での大連立成立の傾向はどのようなものであるの
か．以上で述べた二つの分類基準に従って，リヒテンシュタイン，ドイツ16州，
オーストリア９州の大連立の傾向を示す（図７-４を参照）．

　図７-４はユニット毎に大連立（タイプ１ないしタイプ２）への所属の度合いを
集計，その平均値を算出したものである．この時，黒がドイツの州，斜線入り
がオーストリアの州，そして白抜きがリヒテンシュタインを指している．

　そこでは大まかに三つの傾向別グループを見つけだせる．一つ目は大連立が
恒常的に成立してきたグループである（Y軸のスコアが0.8以上）．具体的にはオ

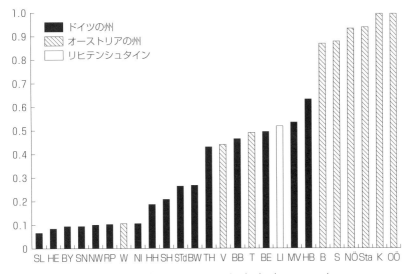

図7-4 大連立のユニット別の傾向（1990-2010）

出典：筆者作成．

ーバーエスタライヒ州，ケルンテン州，ニーダーエスタライヒ州，シュタイアーマルク州，ザルツブルク州というオーストリア五州が該当した．二番目が，合意を重視する政権がたびたび成立してきたグループである（Y軸のスコアが0.4以上）．このグループにリヒテンシュタイン，オーストリアのチロル州，フォアアールベルク州，そしてドイツの五州（メクレンブルク‐フォアポンメルン州，テューリンゲン州，ベルリン都市州，ブランデンブルク州，ブレーメン都市州）が該当する．そして最後に，ドイツの11州とオーストリアのウィーン都市州が含まれる大連立が稀なグループを特定できる（Y軸のスコアが0.3以下）[12]．こうした傾向からは，リヒテンシュタインを含んでいるY軸のスコア0.4以上であるユニットにおいて大連立の何かしらメカニズムが頻繁に働いていたと推論できる．

第3節　大連立の仮説と文脈的な条件

ここでは大連立を説明する二つの条件群を挙げていく．一つ目の条件群は，

リヒテンシュタインとマルタの事例から引き出したものである．二つ目の条件群は，ドイツおよびオーストリアの州を検討する上で挙げるべきものである．

1　安定した党支持

まず第六章で確認した条件の一つ，各党への安定した支持という条件を検討する．この仮説は以下のように提起できる．

仮説（a4）：各党が固定の支持を得ている場合，他党から支持者を奪う競争的な態度を取る必要がないため，幅広い政党間の協力が可能になる．

この仮説の操作化に関しては，選挙ごとの政党間での得票数の変動について示すボラティリティを指標とした．これは，ボラティリティが党組織の固定支持と関わることに起因する（ドイツの州の分析から，Schniewind 2011：258-260）．また連立研究の議論においても，ボラティリティが政権の規模に関わると提起されている（Mitchell / Nyblade 2008）．

ただし本章の分析において固定の支持を得ている，得ていないことをボラティリティの分布から画一的に推論することは困難である．というのも安定した支持をめぐる政党間競合での認識とは，特にその重要性（first-order / second-order）という点で，中央と地方の文脈で異なると考えられるためである．

そこではリヒテンシュタインとは別に，ドイツおよびオーストリアの州でのそれぞれのボラティリティの値を参考にして基準値を設定する．以下ではまず，リヒテンシュタインにおける得票数の変動から党支持の安定について検討しておこう．1945年から2010年までの議会選挙の結果（計19事例）を踏まえ，以下ではボラティリティのカーネル密度関数の分布（bw＝0.25）を表したものを示す（図7-5を参照）．

図7-5では，リヒテンシュタインにおけるボラティリティの変動幅が1以上から11未満の値の内に収まることを示しており，それを平均すると約4.9となっている．この値はドイツ連邦レベル（1953-2009）での平均8.1，オーストリ

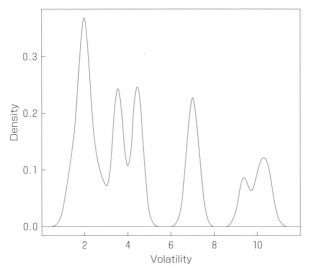

図7-5　リヒテンシュタインにおけるボラティリティ（1949-2010）
出典：QCApro（Thiem 2016）に依拠して筆者作成．

ア連邦レベル（1949-2008）での平均7.1よりも低い．他の比較するユニットに比べて，安定した支持をリヒテンシュタインの政党は得てきたといえよう．

またリヒテンシュタイン内の事例に目を移すと，新党と関係するタイプA，既成政党間の票競合であるタイプBのボラティリティの高まりを観測できる（ボラティリティのタイプについては，Powell / Tucker 2014；Mainwaring *et al.* 2016）．まず図7-5で区分された6から8のスコアの間の事例では，議席を得られなかった第三党の登場・失墜と関わっている．具体的には，1953年2月の事例では労働者連盟（Arbeiterverband im Fürstentum Liechtenstein）という政党が選挙に参加していた．そして1970年の事例で観測できる相対的に高いボラティリティは，1962年以降に選挙に参加していたキリスト教社会政党（Christlich-Soziale Partei）という政党が票を失ったことに関係している．そして，1986年の事例は自由リスト（FL）という新たな第三党が登場したことと結びついている．これに加えて8以上の値であった3事例の中には，キリスト教社会政党が初登場

した選挙年として述べた1962年の事例が含まれる.

　以上のタイプＡのボラティリティを顕著に見出せた事例に対して，8以上のスコアであった残りの2事例は既成政党間の票競合である．タイプＢのボラティリティの高まりを示す．この特徴から，2001年と2009年の事例ではリヒテンシュタインの文脈で各政党が安定した党支持を得ていなかったとして0の値を付した．ただし，この分類ではボラティリティの値4.5を観測できる1997年の事例を上手く扱うことができない．第六章でのリヒテンシュタイン1997年の事例分析では，当時FBP内で蓄積された不満が発露していたと指摘していた．これを踏まえて，ここでは1997年の事例に付加的に0の値を付した[13]．そしてリヒテンシュタインの他の事例では，党支持の安定性があったことを示す1をあてがった.

　ここまではリヒテンシュタインの文脈に沿って閾値を設定してきた．次に，ドイツとオーストリアの州の事例における基準値を検討する．その際には選挙の相対的な重要性という点で，中央とは異なるボラティリティの特徴があることを考慮する．具体的には，ドイツとオーストリアの州レベルが連邦レベルでのボラティリティに比べて高くなるという傾向である．これを踏まえつつ，ドイツとオーストリアの各州における値を観測，党支持の安定性について読み解く．図7-6は，各州の平均したボラティリティの値でカーネル密度関数（bw=0.25）に関する分析を行ったものである.

　図7-6は，オーストリア9州（白色）とドイツ16州（灰色）でのボラティリティの分布を示している．そこでは，白色で示されるオーストリアの州の分布では7から10，灰色で示されるドイツの州での分布では10から11という値で差別化できる．もちろん，この区分線は機械的に引かれるものだが，このグルーピングに意味を見いだすことは可能である.

　まず白色のオーストリアの州では，ブルゲンラント州とその他8州という区別がなされている．ブルゲンラント州ではÖVP，SPÖ，FPÖ以外の党（例えば緑の党など）の議会参画タイミングが他の州に比べて遅く，投票者の保守性が

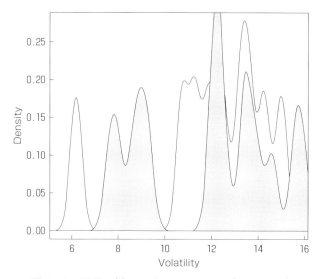

図7-6　両国の州でのボラティリティ（1990-2010）
出典：QCApro（Thiem 2016）に依拠して筆者作成.

特徴として挙げられている（Teuschler / Streibel 2000：487）．また同州は，こうした状況下で各党への動員が成功していることを想起させる州議会選挙の投票率の他州と比べた相対的な高さも特徴とする．

次に，灰色のドイツの州では10以下の平均値であったグループに以下の州が含まれる．それはヘッセン州，ニーダーザクセン州，バイエルン州，ラインラント‐プファルツ州，そしてノルトライン‐ヴェストファーレン州の五州である．これらの州は，中心的な役割を果たす政党が比較的安定してきたとされる（Schniewind 2008：103-108）．これに対して残りの11州には，ドイツ社会主義統一党の解体という転換を経験した東ドイツの州が全て含まれる．加えて，観測した最大値16.8を記録したハンブルク都市州では既存の政党への不信と政党間での票の競合という現象を顕著に見てとれる（Horst 2008：227-228）．

以上から，オーストリアの州を差別化する7と10の間，ドイツの州間の違いを特定できる10と11の間のスコアに着目する．具体的には，10を超えているド

イツとオーストリアの州の観測事例に安定性がなかったとみなして0を与えている[14].そして10を超えなかった場合,党支持の安定性が存在したとして1を付した.

2 開かれた一院制

ここまでは第六章で提起した条件の一つ,党支持の安定性について考査してきた.本項では,第六章で示した仮説に含まれていた開かれた一院制という条件を検討する.この条件は次のように仮説化できる.

仮説(b4):開かれた一院制の場合,政権運営は議会内外の行為者に板挟みとなる困難さを予期できるため,幅広い政党間の協力を取り付けることが志向される.

この開かれた一院制の特徴としてリヒテンシュタインでは,君主制と直接民主制に基づき侯爵と有権者が外部アクターでありながらも議会内の行為者と相互作用すると指摘した.この特徴は,ドイツ,オーストリアの州と比べた際に二つの視点を提供する.

一つ目は,有権者の直接政治参加を基盤とする「ボトムアップ型」の特徴である.ただしスイスの制度を模したリヒテンシュタイン政治における実践と比べれば,ドイツとオーストリアの州政治は概して直接民主制の実践によって特徴づけられていない(例えば,Vater / Stadelmann-Steffen 2013).この点から,リヒテンシュタインと同レベルのボトムアップ型の開かれた一院制の特徴をドイツとオーストリアの州で観測することは困難と考える(Wanner 2000:430-475;Eder / Mogin 2008 も参照).

だが二つ目の侯爵の権限に着目した「トップダウン型」の特徴に光を当てると異なる特徴が見えてくる.リヒテンシュタイン政府では院内会派という議会内アクターの意見のみならず,侯爵という議会外アクターの立場を考慮することが制度上求められていた.確かに20世紀初頭にドイツとオーストリアでは君

主制を廃止しており，州首相が元首の役割を担っている．だが，議会内外のアクターに板挟みとなる状況は州政府でも見出しうる．

　ドイツと比べてオーストリアの連邦制では，政策決定過程での権限が連邦レベルに集中していることが指摘される（Krumm 2015 を参照）．ここにおいてオーストリアの州首相には，そもそも州に交渉余地がなく過ちや怠慢を連邦レベルから押し付けられる場合でも，それに政治的責任を持たねばならないことが強く認識されるという（Fallend 2003：23 も参照）．オーストリアの州の政策決定過程とは，連邦の代理人としての州首相独自の立場を考慮せざるをえない状況にあるといえよう[15]．

　これを踏まえると，院内会派と国家の代理人である君主に板挟みとなるリヒテンシュタイン政府と対比させて次の点を推論できる．それは，オーストリアでも議会外アクターとなる州首相および議会内会派の両方を考慮した結果として，円滑な政治運営を可能にする大連立の仕組みが働いていたという点である（Fallend 1997：320 も参照）．

　もちろん，オーストリアの州首相は連邦の代理人であるだけでなく，州の選挙を通じた代表でもある．そのため，リヒテンシュタイン侯爵と比べれば議会外アクターとしての独自性は薄まったものとなる．だが，それでもなおオーストリアでは，連邦の代理人となる州首相と議会内会派の両方を考慮しなければならなくなる理由として，州議会の権限の弱さへ着目できる．オーストリアの州では，政府への議会のチェック機能となる調査委員会設置に多数派の支持が概して求められてきた（Untersuchungsausschuss, Wolfgrauber 1997：155-158）．これは，オーストリアの州で政権に就いた与党のみが調査委員会を設置できることを意味して，州議会それ自体の権限の弱さを示す．つまり政策決定過程が連邦レベルに開かれているにも関わらず，権限の奪われている院内会派にはその不満のはけ口がない．そこでは，議会政党にとって政権に就くことは魅力的に映ると考えられる（一般的な議論として，Junger 2002）．その一方で，連邦の代理人にもなる州首相は議会との余計な摩擦を避けるため，州議会の会派との幅広

い連携が模索されやすかったと推論できる.

以上から連邦レベルに議会が開かれて,議会権限も弱いオーストリアの州で,リヒテンシュタインと類似した「開かれた一院制」の機能が働くと考える.そこではリヒテンシュタインのみならず,オーストリアの州の中の事例でも1をコードする.この分類に関しては,以下の調査委員会設置に際しての敷居値を参考にした.

まず1990年から2010年の観測期間で,この特別委員会の設置に多数派の支持を求めたブルゲンラント州,ニーダーエスタライヒ州,オーバーエスタライヒ州,ケルンテン州,フォアアールベルク州の事例に1を付した（Verfassungen der Welt のデータベースを参照).次に残りのオーストリアの州の事例の中では,議会権限の弱さに疑問符をつけうるため,開かれた一院制のメカニズムが働くのか不明瞭として0を付した.それは,三分の一の議員によってこの特別委員会を設置できたシュタイアーマルク州の事例である.また1999年以降に多数派の支持を求めなくなったザルツブルク州とチロル州の事例,そして2001年以降に少数派による調査委員会設置の人数規定がなされたウィーン都市州の事例にも同様に0を付した[16].

3 政党間関係の複雑さ

以上では,第六章で提起した二つの条件を検討してきた.だが,それらの条件の妥当性を検討するためには,ドイツとオーストリアの州固有の条件も合わせて勘案する必要があるだろう.そこではまず,従来の理論で提起されてきた多党制にまつわる条件,政党間関係の複雑さを検討する.これは特に,ドイツの州での連立に関わる条件としても挙げられる（例えば,Kropp 2001：55-61；新川 2016).ここでは体系的に集められるデータの都合から,モデルで提示されていた構造的条件を包括的に取り扱う以下の仮説を挙げる.

仮説（c4）：政党間の関係が複雑である場合,議会最小限の多数派を伴う政権

では政治運営に不安を抱えるため，幅広い政党間の協力が考慮される．

　この特徴を捉えるために，ここでは議会の有効政党数を指標として用いている．可能ならば，構造的条件の詳細を検討する必要があっただろう．例えば，連邦制の下で各州の政党は政策的に画一的に捉えられない特徴を持っている（Bräuninger / Debus 2012：13-17）．だが，州レベルに単位を落とした政党の政策位置のデータ構築は未だ途上である（Benoit *et al.* 2009）．そのため，構造的条件を一括りに捉えうる指標として議会有効政党数を用いている（Grofman 2004も参照）．

　では，この議会有効政党数がどれほどの時に政党間関係の複雑さがある状況とみなせるのか．この点はリヒテンシュタイン，ドイツ，そしてオーストリアの文脈から閾値を引き出している．まず有効政党数が2.0以下である場合は，政党間関係の複雑さがない状況と想定している．この状況では，リヒテンシュタインでは FBP と VU，ドイツでは CDU と SPD，オーストリアでは ÖVP と SPÖ のみが主要な役割を果たすと解釈できる．また他の条件が同じで，この二党のみが存在する条件下では連立という選択肢が生じにくいことが，ドイツとオーストリアの連邦レベルの分析で指摘されている（Müller 2008）．

　次に有効政党数が3.0である場合，政党間関係の複雑さがあるのかどうか曖昧になると想定している．この状況は，伝統的にはドイツでは第三党として FDP が，オーストリアでは FPÖ がそれぞれ二大政党と同等の役割を果たすことを意味する．またリヒテンシュタインの文脈では1990年代以降，議席を獲得するようになった FL が VU と FBP と対等な役割を果たすことを意味している．こうした第三党の存在は，連立という選択肢を政党に意識させる契機になる．だが他方で，三党制が合意を重視する政権を志向することに必ずしも結びつくとは限らない．そこで3.0という有効政党数を幅広い連立への見通しが立てやすくなる，ないしは立てにくくなっていく閾値とした．

156   第Ⅲ部　大連立政権の実証分析

　最後に有効政党数が4.0以上である場合，政党間関係の複雑さがある状況とみなしている．この状況ではドイツ，オーストリアで新たに登場した緑の党なども主要な役割を果たすことを意味する．こうした新しい政党がプレゼンスを持っていくことは，政党システムの変化を示しており（例えば，Nidermayer 2001），政党間関係の複雑さがない状況からある状況への質的な変化も期待できる[17]．ただし，議会有効政党数という指標によって政党システムの特徴を一括して検討する際に情報の消失は免れない．この点を緩和するため，本章では各州の事例で有効政党数の増減の程度をファジィ集合の考えを応用して捉える．

4　政権の比例代表制

　ドイツで検討すべき条件に対して，本項ではオーストリアの州で考慮すべき制度的条件，「政権の比例代表制（Proporz）」を挙げる．この制度はもともと，第一次世界大戦後，多くの問題を抱えたオーストリアの地方の政治を勘案して制定されたものである．そして第二次世界大戦後に，秩序維持と二大政党のバランスを考慮した結果として地方レベルで再設計されるに至っている（Fallend 2006）．二大政党のバランスを配慮する内実とは，選挙を通じた政党の議席配分に従って政権内での公職に就く配分も決まるというものである（Fallend 1997：238-239）．ここにおいて以下の仮説が立てられる．

仮説（d4）：政権の比例代表制が敷かれている場合，幅広い政党間の協力が義務化する．

　この仮説の操作化では，制度を規定していたオーストリアの州の事例へ1のスコアを与えることにしている．だが，この制度は全てのオーストリアの州で観測されるものではない．本書でとり扱う期間で，ウィーン都市州とフォアアールベルク州ではこの制度を観測できない．ついては，これらの事例には，この条件が存在しないことを意味する0のスコアを与えている．

　また1999年以降のザルツブルク州とチロル州でもこの制度が廃止されている

ため，0のスコアを同様に付している[18]．ただし，制度が廃止されて初めて行われた両州の1999年選挙においては，この制度的影響が未だ尾を引いていたという可能性を捨てられない．ザルツブルク州での制度廃止は，1999年選挙を目前にFPÖ の政権参画が現実視されており，FPÖ との連立を拒むという理由から制度廃止について他の政党間で合意されたものである（詳しくは，Schausberger 1999）．ついては公的に制度がなくなったとしても，比例代表制のルールは廃止直後においてFPÖ 以外の政党間で未だ共有されていたとも考えられる．

　他方でチロル州では90年代に至るまで長らく続いてきた二大政党の連立ではなく，1994年からは四党連立という事態が生じていた．この状況に呼応する形で，政権の比例代表制の廃止に関する議論が二大政党の中で持ち上がっていた．制度が廃止された直後，ÖVP と SPÖ という二大政党間で政権を分掌するルール自体が未だインフォーマルには共有されえたとも考えられる．

　以上を踏まえて，ザルツブルク州とチロル州の1999年の事例ではその影響力について不明瞭として0.5の値を割り振り，それ以降の両州の事例に 0 の値を付す．なおドイツの州とリヒテンシュタインの事例では，この制度を観測できないために 0 の値をあてがっている．

5　上からの圧力

　最後の 5 つ目の仮説はドイツ，オーストリアの州の双方と関係する政党組織内部での連立の圧力という条件である．この条件は各州の政党間競合を党組織の在り方から特徴づけるもので，ドイツとオーストリアの連邦制の特徴とも深く関わっている（一般的に，Ştefuriuc 2013：15-18）．具体的には連邦レベルからの政党の連合戦略に関する圧力が州レベルの支部組織にかかると予測される．そこでは大連立に関して，以下の仮説を立てることができる（Debus 2008：507-512 も参照）．

仮説（e4）：中央政府で幅広い政党間の協力が実現している場合，各党組織の

158 第Ⅲ部　大連立政権の実証分析

　　　　連合戦略の一本化という理由から，各地方政府でも同様に幅広い
　　　　政党間の協力が志向される．

　この条件を操作化する際には，各政権が州議会選挙の後に成立する時，連邦
レベルでどのような種の政権が成立していたのかに着目する[19]．そこではまず本
章の第二節で大連立の分類を州レベルで行ったように，連邦レベルにおける政
権も大連立の指標に沿って分類する．次に，それぞれの州議会選挙・政権成立
の際に存在していた連邦レベルの政権の大連立の程度を勘案する[20]．以上から，
もし同時期に連邦レベルで大連立が成立していれば，それと連動した党組織の
ロジックによって州レベルでも大連立が成立すると予測する．なおリヒテンシ
ュタインの事例に関しては，この圧力はないものとして 0 を付した．

第4節　大連立分析の一般化は可能なのか

　ここまではリヒテンシュタイン，ドイツおよびオーストリアの州と関連する
大連立の条件を検討してきた．これを改めて表記すると表 7 - 2 のようになる．
なお開かれた一院制（b4）については，ボトムアップ型ないしトップダウン
型のメカニズムが働くことを想定できる場合に 1 を割り振っている．
　なお大連立の十分条件を検討する QCA の手続きに入る前に，必要条件に関
する分析を行っている．だが整合度0.90ないし0.95を基準とした時，大連立の
成立に関して必要条件とみなせるものを確認できなかった（章末の補遺・表 7 - 5
を参照）．この結果を踏まえ，以下では本章で挙げた 5 条件に基づく真理表を作
成（表 7 - 3 を参照），大連立成立の十分条件に関する分析を行っている．
　この表では提起した 5 条件に基づく全32通りの条件組み合わせを示している[21]．
この内，列番号 1 から 9 までとそれ以降で明確な整合度の違いがあった．その
ため，ここでは列番号 1 から 9 を大連立成立について促す条件配列とみなす[22]．
これらの条件配列の中でまず注目すべき点は，列番号 1 から 8 が「政権の比例

表7-2　大連立の成立条件に関する分析

	条　件	仮　説	操作化		
			In.	Cr.	Ex.
リヒテンシュタインで見出した条件	政党の安定性（a4）	ボラティリティ	1	—	0
	開かれた一院制（b4）	ボトムアップ型	1	—	0
		トップダウン型	1	—	0
ドイツとオーストリアの州固有の条件	政党間関係の複雑さ（c4）	議会の有効政党数	4	3	2
	政権構成の比例制（d4）	制度効果の存在	1	0.5	0
	上からの圧力（e4）	連邦政府の政権形態	1	0.5	0

出典：筆者作成.

表7-3　大連立成立の真理表分析

列番号	原因条件					結果	整合度	事例数
	a4	b4	c4	d4	e4	y		
1	0	0	0	1	1	1	1.00	1
2	0	0	1	1	1	1	1.00	1
3	0	1	1	1	1	1	1.00	2
4	1	1	0	1	1	1	1.00	2
5	0	0	0	1	0	1	1.00	3
6	1	1	0	1	0	1	1.00	3
7	0	1	0	1	0	1	1.00	5
8	0	1	0	1	1	1	1.00	7
9	1	1	0	0	0	1	1.00	3
10	1	0	1	0	1	0	0.33	2
11	0	0	0	0	1	0	0.22	3
12	0	0	1	0	0	0	0.30	16
13	1	0	1	0	0	0	0.25	4
14	0	0	0	0	0	0	0.31	23
15	0	0	1	0	1	0	0.12	7
16	1	0	0	0	1	0	0.12	3
17	0	1	0	0	0	0	0.33	3
18	0	1	0	0	1	0	0.00	1
19	0	1	1	0	1	0	0.00	1
20	1	0	0	0	0	0	0.10	27
21-32：論理残余							—	0

出典：fs / QCA, Version 2.5（Ragin / Davey 2014）に基づいて，筆者作成.

160　第Ⅲ部　大連立政権の実証分析

代表制（d4）」という条件で構成されている点である．これはウィーン都市州とフォアアールベルク州を除くオーストリア7州の大連立を説明するもので，オーストリア州固有の制度的メカニズムが働くことを確認するものである．

　これに対して列番号9はリヒテンシュタインの事例をカバーするもので，「開かれた一院制と安定した支持（a4*b4）」という条件が含まれている．確かに，この条件配列は他のドイツとオーストリアの州に関する仮説として挙げた条件がない，つまり政党間関係の簡潔さ（～c4），政権構成の比例代表制がない（～d4），上からの圧力がない（～e4）ことを前提とする．だが，この結果はリヒテンシュタインと類似した背景・制約条件をもつ事例群ならば，a_4*b_4の仮説を棄却できないことについて示している．

　では，リヒテンシュタインの大連立を一貫して説明する列番号9はどういった事例を説明できるのか．この点について簡単化の手続きを通じて精査する．表7-3での分析から，列番号9以下では，提示した条件のみで大連立が生じるのか疑わしいとして0を付すことができる．これを基に簡単化の手続きに入りうるが，列番号21から32までの計12の論理残余もある．

　この論理残余の内で，8つは「政権の比例代表制（d4）」を含んでいる．この制度が列番号1-8で確認したように大連立を義務化すると想定するならば，8つの論理残余にも大連立成立の予測(1)を与えることができる[23]．また，残り4つの論理残余の内3つは「開かれた一院制と安定した支持（a4*b4）」を含む．第六章の分析結果および表7-3の列番号9の整合度から，これら条件を含む論理残余も大連立成立を促すとみなして，1の値を与える[24]．なお最後に残った1つの論理残余は，「政権構成の比例代表制」，「開かれた一院制と安定した支持」のどちらも満たすものでなかった．そのため，据え置きにして簡単化の手続きを進める[25]．

　ここまでの論理残余の対処法を踏まえると，結果として a4*b4＋d4 という式を得ることができる（補遺・表7-6を参照）．これは，表7-3の真理表で確かめたオーストリア州固有の仮説とリヒテンシュタインの仮説を最もシンプルな

形で確認するものとなる.

　また a4*b4 はリヒテンシュタインのみならず，ブルゲンランド州の二大政党の連立も説明できる．確かにブルゲンランド州の事例は d4 からも説明できるため，この因果経路のユニークな事例といえない．だがこの結果は，オーストリア最小の州で生じていた二大政党の連立に対してリヒテンシュタインと同様の説明を与えうることを示している.

　その示唆として，2014年に政権の比例代表制の撤廃とともに，同州では議会の権限強化に向けた制度改革がなされていたことを挙げることができる．そして2015年選挙では，これまで合計して80％以上の得票率を常に獲得してきた SPÖ と ÖVP という二大政党が合計70％程度の得票率しか獲得できず落ち込みを見せた．この選挙の後には，これまでの二大政党の大連立ではなく，二大政党の一角 SPÖ と FPÖ の小連立が成立した．この結果は，ブルゲンラント州での政権の比例代表制廃止が必要条件であったと説明可能であるだろう．だが，党支持が揺らぐ中，機能が限定されていた議会と州首相のユニークな役割に板挟みであった州政府という構図も弛緩，大連立の要件は崩れていたとも本章の分析からは捉えうる.

　なお a4*b4 のオーストリアの州における応用可能性は，本来的にはリヒテンシュタインと地理的に隣接するフォアアールベルク州で確認されるべきであっただろう．というのも，このオーストリアの州は「政権の比例代表制（d4）」という条件を満たさないにも関わらず合意型の政権を観測できたためである．しかし党支持の安定性という条件が欠けていたために，同州の例は本章の分析でカバーされることはなかった．ただし a4*b4 の効力が観測期間以前では働いており，その経路依存により大連立が1990年代以降も同州で成立してきたという推論を働かせることは未だ可能かもしれない.

　以上，本章では第六章で引き出した仮説の応用可能性について探ってきた．では，この分析の結果は「二大政党制／多党制，一院制／二院制」を基にした過大規模連合モデルの枠組みへどういった示唆をもつといえるのか．第八章で

162　第Ⅲ部　大連立政権の実証分析

は，ここまでの議論を振り返りつつ，この点について考えてみたい.

第七章の補遺

表7-4　大連立の指標における必要条件に関する分析

	指　標	整合度	被覆度
大連立との認識（y）	g	0.34	0.95
	~g	0.66	0.36
	l	0.88	0.79
	~l	0.14	0.13
	s	0.79	0.68
	~s	0.23	0.22
大連立でないとの認識（~y）	g	0.01	0.05
	~g	0.99	0.66
	l	0.22	0.24
	~l	0.80	0.91
	s	0.31	0.33
	~s	0.71	0.8

出典：fs / QCA, Version 2.5（Ragin / Davey 2014）に基づいて，筆者作成.

第七章 21か国内での一般化 *163*

表7-5 大連立成立・不成立の必要条件

	指 標	整合度	被覆度
大連立政権の成立（y）	a	0.29	0.34
	~a	0.71	0.50
	b	0.42	0.74
	~b	0.58	0.28
	c	0.51	0.57
	~c	0.71	0.52
	d	0.45	0.96
	~d	0.56	0.32
	e	0.46	0.55
	~e	0.69	0.46
大連立政権の不成立（~y）	a	0.46	0.66
	~a	0.54	0.49
	b	0.07	0.26
	~b	0.93	0.74
	c	0.47	0.70
	~c	0.71	0.64
	d	0.02	0.06
	~d	0.98	0.69
	e	0.35	0.58
	~e	0.77	0.62

出典：fs／QCA, Version 2.5（Ragin／Davey 2014）に基づいて，筆者作成.

表7-6 大連立成立に関する分析結果

	因果経路	租被覆度	固有被覆度	整合度	解被覆度	解整合度
論理残余を含まない分析	~a4*~c4*d4	0.23	0.02	1.00	0.40	0.99
	b4*~c4*d4	0.24	0.03	1.00		
	~a4*d4*e4	0.21	0.05	1.00		
	a4*b4*~c4*~e	0.09	0.05	0.96		
論理残余を含んだ分析	a4*b4	0.13	0.05	0.87	0.50	0.95
	d4	0.45	0.37	0.96		

出典：fs／QCA, Version 2.5（Ragin／Davey 2014）に基づいて，筆者作成.

注

1 ）ここでは議論の複雑化を避けるため，そしてデータの都合上，1と0のカテゴリー
を設定して背景条件・制約条件を満たす事例，満たしていない事例について検討する．
なお方法論上では，背景条件と制約条件に区別はない（Walker / Cohen 1985）．ただ
し理論的，経験的に分析で強い前提として課されるものを背景条件，そして弱い前提
として課されるものを制約条件と区別できる（Gerring 2012：198-207）．

2 ）なお地方ユニットで行政府の長が中央から任命される事例は，他の高い自立性をも
つユニットと比べた質的な違いを想定できるために取り除く．本章では具体的にベル
ギー，オランダ，ノルウェー，スウェーデン，フィンランドの地方ユニットを指す
（Loughlin *et al.* 2013 を参照）．この結果としてオーストリア，ドイツ，日本，スイス，
スウェーデンの中央レベルの次にくるユニットのみを分析対象に含めている（Keat-
ing 1998；Snyder 2001 も合わせて参照）．

3 ）この分類基準では，制度改革を通じて1970年代以降に一院制へ移行したスウェーデ
ンが一つ問題となる．この事例は1970年以前であれば「一院制ではない」，それ以降で
あれば「一院制」へと分類可能である．だが「1.7」という値をスウェーデンに対して
通時的に与える Lijphart（2012）の判断に従って，ここではスウェーデンで「一院制」
の機能が多く見出せると想定した（なお同様の議論は，通時的に『1.2』と等級される
デンマークの事例にも適応している）．

4 ）具体的には，選挙後に形成された計124事例を分析対象とした．なお2010年までとい
う区切りは，本書の分析範囲であったことに起因する．また1990年からという区切り
は，ドイツ再統一後の新たな州の事例を考慮するためである．選挙が行われる周期は
それぞれで異なるものの，これによって可能な限り均一な事例数を各ユニットで期待
できる．リヒテンシュタインのデータは Amt für Statistik Fürstentum Liechten-
steins（1991-2013），オーストリアのデータは Fallend（2006），ドイツのデータは
Freitag / Vatter（2008）を参考にした．

5 ）大臣職配分のデータでは党派性を持たない大臣も含めた．なおウィーン都市州の管
轄を持たない政権のメンバーは除外して検討している（Dolezal 2013：63-68 も参照）．

6 ）オーストリアとドイツの連邦レベル，1947年から2010年までの選挙後に成立した政
権を参照にした（全37事例）．なお，その際にはキリスト教民主同盟（CDU）とキリ
スト教社会同盟（CSU）を異なる政党として扱っている（Schmidt 2002：67）．

7 ）これは，政権に参画した政党が大連立であるという認識・評価を持つ規則的な指標
ではない．だが，それぞれの文脈で大連立という認識・評価を政党が持つと期待でき
る象徴的な出来事である（Schmidt 2004：286；方法論的には，Schedler 2012：25-
26）．

8） 社会レベルの意味を満たすのかどうかは，政権に参画する政党の議席占有率に大臣
　　職の配分比率も比例するというギャムソンの「法則（Gamson 1961）」に基づく．

9） QCA の前に，整合度の閾値0.90ないし0.95を用いた必要条件のテストを行ってい
　　る．その結果では，検討する条件群の内で必要条件とみなせるものはなかった（章末
　　の補遺・表7‐4も合わせて参照）．

10） なお，ここでは観測事例に複付けられない類型を用いずに簡単化を進めている．こ
　　の簡単化の手続きに入る際に，表7‐1の二つの論理残余を含めることも可能である．
　　これらのどちらか一方の論理残余ないし両方の論理残余を簡単化の手続きに入れると，
　　以下の大連立の基準が導出される．それは，「議会多数派になるのに余分な党を含む
　　（g）」ないし「議会で60％以上の議席を占め，かつ与党第一党の大臣職配分の比率が
　　66％以下（l*s）」という基準である．

11） この値はタイプ1の合意型に所属することを意味する条件組み合わせの最小値0.5以
　　上であった事例について集計，算出したものである．

12） なお，この分類ではドイツのザクセン・アンハルトの特徴を上手く特徴づけること
　　ができなかった．Y 軸のスコアが0.3以下に位置したこの州は，「マクデブルク・モデ
　　ル」と呼ばれる少数政権にも特徴づけられている（Renzsch / Schieren 1997）．公的
　　な協力を取り付けない政権を主な分析対象としなかった本書では，この州の特徴を十
　　全に捉えることができなかったと考える．

13） ボラティリティの値は政党間の票の移動に主に焦点を当てるため，各政党内部での
　　動きが十分に反映されない．この時，t‐1期と比べた t 期の変動ではなくそれ以前の
　　変動を考慮することも可能であるだろう．しかし投票率の変動の認識は，どの過去の
　　結果と結びつけられるのか不鮮明である．各事例での党エリートの認識・支持者の評
　　価を掘り下げて検討する必要があったが，データの収集が困難であったため，この付
　　加的処置を行った．

14） この区分は蓋然的なものである（例えば，Jun / Höhne 2008：34-349）．しかし，こ
　　の閾値はドイツにおける1990年代以前との比較からも裏付けられる．具体的には，党
　　組織の再編が行われた戦後ドイツ1940年代などと比べて，1970-80年代のボラティリ
　　ティが最も低く，各州で10の値を下回っていた（Schniewind 2011：204-209）．なおド
　　イツとオーストリアの州では，タイプ A とタイプ B のボラティリティに関する区別は
　　行っていない．これはどの政党が既成政党であるのか，1990年代以降のドイツとオー
　　ストリアの州分析では必ずしも明確ではなかったためである．またリヒテンシュタイ
　　ンおよびドイツ・オーストリアの州でのボラティリティの値の比較検討が困難と考え
　　られたため，ここではファジィ集合を用いず，単純な1と0の区分に留まっている．

15） 州首相独自の立場とは，州政治が制度的に州と連邦の関係に埋め込まれていること

166　第Ⅲ部　大連立政権の実証分析

に起因する（Fallend 2010；Benz / Zimmer 2010）．なお州間の関係に目を向ければ，ドイツとオーストリアで州首相間会合が制度化されている．こうした協力は連邦政府に対して一致した抵抗を示す手段とみなされて，共同決定を行う州間の政権運営様式を収斂させる効果があるとも提起されている（Bolleyer / Bytzek 2009）．しかし，この仮説は大連立の成立を促す直接的な条件ではないため，ここで取り上げて議論することはない．

16)　調査委員会の設置を議会少数派の権利としてきたドイツの州には，開かれた一院制ではないという0のスコアを与えている．確かに，ドイツの州でも連邦の影響を強く受ける州と受けにくい州がある（Scharpf / Benz 1991：67）．そこでは，ファジィ集合に基づく分析が必要になってくる．だが，この精査にはドイツの各州のみならず，オーストリアの各州とのより詳細な比較が求められる（例えばオーストリア内部での相違について，Fallend 2003：21）．こうした比較は本書での議論の範疇を超えるものであったため，二元論的な区分に留まっている．

17)　なお本書でとり扱った2010年までのデータにおいて，リヒテンシュタインの事例では議会での第四党の登場を確認できなかった．しかしリヒテンシュタインでも，2013年選挙以降，独立グループ（Unabhängigen）が第四党として議席を獲得している．これは，リヒテンシュタインでも政党間関係が複雑になっていることを示唆するものとなる．

18)　なお観測期間である2010年以降では，ブルゲンラント州，シュタイアーマルク州で政権の比例代表制が廃止され，2015年選挙ではこの制度を用いないことが決定されている．そしてケルンテン州でも同様に政権の比例代表制が廃止されて，2018年選挙からこの制度が適応されることはない．

19)　ドイツの場合，州政府の在り方は連邦政府に強い影響を与える「連邦参議院（Bundesrat）」での連合戦略と関わるため，オーストリアと事情が異なるかもしれない．ドイツ連邦参議院では州政府の代表がその議席につくため，州政府の在り方に対する党の圧力が強いものになると想定できる．オーストリアでも確かに，党組織の中央集権性は1970年代以降，強まってきているとされる（Dachs 2003）．しかしオーストリアの州レベルの政党は比較的自立的で，その圧力の程度は党組織によっても異なると指摘される（Fallend 2010）．こうした点から，ドイツとオーストリアで相違があると考えられるが，ここでは両国の政党共に「中央レベルから自立した政党（Detterbeck 2011：215）」でないと想定して分析している．

20)　いくつかの事例は連邦レベルでの選挙，組閣に向けた交渉期間と重なっている．こうした事例では，後に連邦レベルで形成された大連立スコアを参考とした（Detterbeck / Renzsch 2008：42-45 も参照）．またドイツの連邦レベルで，CSU が含まれて

いる連立には注意する必要がある．これは CSU がバイエルン州のみで活動する地域政党であり，CDU がバイエルン州以外で活動する政党であることに起因する．ここにおいて，CDU ないし CSU が含まれている連邦政府の存在により，大連立の圧力が全ての州にかかるとは考えにくい．そこで，ドイツの連邦レベルでは CDU と CSU を保守系の政党として一括りにしてスコア計算した．

21）　事例数は，1990年から2010年までの124事例中の119事例を用いた．これは東ドイツの5州における再統一以降の初めての選挙ではボラティリティの値を算出できないことに起因する．なお説明条件群に対して大連立という被説明条件は，本章第2節で提起した大連立の二つのタイプへの所属度合いを各事例で測定した．そして，観測される最大値を大連立への所属値とみなして分析に用いた．確かに，タイプ1とタイプ2のそれぞれの因果経路を検討することも可能だが，ここでは大連立の知見の可能な限りの一般化を目指すという目的から，両方のタイプを含めた分析を行っている（方法論的には，Gerring 2012：61-64）．

22）　ここでは第六章の仮説修正・検証を狙いとしているため，ドイツ・オーストリアの州で見出せる大連立のメカニズムを明らかにすることについて意図していない．

23）　確かに論理学の視点からこれらの残余に異なる予測を与えることも可能である．これは，「政権の比例代表制がない（～d4）」という条件が「大連立不成立」の必要条件であったことに起因する（章末の補遺・表7-6を参照）．QCA は結果に対する十分条件を分析する目的があり，必要条件に先んじて考察を加える性質がある．そこでは，必要条件となる条件が含まれる論理残余へ論理的な予測を与えることも可能である（Schneider / Wagemann 2012；批判的に，Cooper / Glaesser 2015）．これを踏まえれば，論理残余に大連立の不成立を予期する 0 を付すこともできる．だが理論・経験に立脚した予測は，この方法論に立脚した予測よりも優先されるべきとして，ここでは 1 を付している．この議論は，同様に大連立不成立の必要条件とみなせた「開かれた一院制でない（～b4）」という条件を含む論理残余でも適応されている．

24）　この党への安定した支持と開かれた一院制の組み合わせに関しては，未だ疑わしいものとして異なる予測を与えることも可能である．その場合，a4*b4*~c4*~e4 という複雑さをより残した条件式へと還元される．

25）　なお据え置きにしていた最後の論理残余に大連立成立を予測する 1 の値を付したとしても，ここでの条件式と大きな相違はない．

第Ⅳ部　大連立政権は民主政治の十分条件か

第八章　大連立研究の展望

　本書の出発点は，より多くの合意を取り付けていくという民主政治での十分
条件について考えることにあった．そして，その一つの題材として大連立政権
の成立をテーマとした．なぜ，そしていかに大連立政権が成立するのか．この
問いに答える理論や仮説について本書では検討してきた．以下では，ここまで
の議論を振り返り，提起した仮説の一般化の道筋を示した上で，民主政治の更
なる分析に向けた本書の有する含意を明らかにしたい．

第1節　大連立分析の結果

　平時の大連立とは，個々の責任をうやむやにして，誰が咎められるのかとい
う説明能力を欠如させる政権と指摘されていた．この議論は各党が別途責任を
負って，積極的に咎められるという単独政権・政権交代の重要性を念頭に置い
ていたのだろう．だが実際には，大連立が様々な局面で成立してきた．それ故
に，大連立を十分条件とする政治の実態を解明するための研究が今日まで進め
られてきた．

　平時において大連立が成立することの説明を与える理論の歴史を振り返れば，
二つの接近法が存在していた．その一つは，演繹的に導出する仮説を起点に経
験的な分析を行う「ゲーム理論の伝統」であった．そして二つ目は，経験的な
分析から帰納的に導出される含意を仮説化する「ヨーロッパ政治の伝統」であ
った．第二章では，大連立研究を進める上でのこれらのアプローチの問題点を

整理した．一方の「ゲーム理論の伝統」では制約的概念，相関に基づく個別の因果，そして確率に基づく分析を一貫した特徴としてきた．対して曖昧さを基に分析する「ヨーロッパ政治の伝統」は，制約的・包括的概念の使用，相関だけでなく集合関係に基づく因果も想定するという前提の柔軟さを特徴とした．ただし，「ゲーム理論の伝統」の一貫性と「ヨーロッパ政治の伝統」の柔軟さは連立分析の刷新を考える上で問題的であるとも指摘した．そこでは分析視角の多元性を担保するため，包括的概念，集合関係に依拠した因果，曖昧さに基づく分析という従来型と対照的ないし内在した特徴を明示化する新しい研究方針を示すことの必要性を浮き彫りにした．

　第三章と第四章では大連立の理論枠組みを確認した．第三章ではまず，大連立が交渉・合意型という一つの政治様式を体現する政権の在り方として位置づけられることを示した．そして，大連立の実践とそれを生じさせる構造・制度の総体が交渉・合意型の政治様式を形づくる，という政党間競合の分析が民主政治の分析へとつながる視角を確認した．これを踏まえて第四章では，大連立の成立へ因果的な説明を与える理論（連立政権論）について精査した．その際には過大規模連合モデルと呼ばれる，大連立の特異性に着目したモデルが別系統の理論（政党システム論）と連動して三段階で発展してきたことを示した．そして，この理論の発展を政党配置に依拠した構造的な特徴（多党制／二大政党制），行動を制約する制度の有無（二院制／一院制），そして連立の可能性・必要性というメカニズムを基にした枠組みから整理した．

　第五章から第七章では経験的な分析を行った．そこではヨーロッパを中心とする19か国，マルタとリヒテンシュタインの2か国，そしてドイツとオーストリアの計25州のデータから分析を行っている．これらのデータは異なる特徴を持っていた一方で，いずれのデータも大連立の理論と関係して位置づけられていた．具体的にそれぞれの章で扱った事例は，大連立政権の可否について「予測通りの結末を見通せる事例」と「予測通りの結末を見通せない事例」に分類できるものであった[1]．

まず第五章は，「二大政党制／多党制，一院制／二院制」を基にした過大規模連合モデルを再度検証するという試みであった．そこでは検証材料として，ヨーロッパを中心とした19か国のデータを用いた．これら検証でよく用いられてきた事例群においては，大連立の成立・不成立に関する既存の仮説を支持する結果が出やすかったと考えられる．そして，ここでの分析結果では，それぞれのモデルが予測通りに大連立の不成立を説明できることについて確認した．また，その説明の仕方はモデルの展開につれて，より現実の多様性に対応できるものになっていた．だが大連立の成立に関して本書の分析では，その仮説を支持する，ないしは支持しない証拠を見つけ出すことはできなかった．大連立の不成立と比べて，大連立それ自体を説明していないという結果はモデルの有効性を十二分に裏付けるにはほど遠いものであった．

この問題を踏まえて，第六章では具体的な事例からモデルを改善する一案について検討した．そこではまず，二大政党制・一院制のマルタとリヒテンシュタインがその価値をもつと提起した．両国の事例は，大連立の成立に関しては「期待通りの結末を見通せない事例」に分類されるべきであった．だが，それにも関わらず二国で観測できた異なる結果に対しては次の説明を提起した．それは「安定した党支持」，そして議会内外のアクターが相互作用する「開かれた一院制」という条件配列の有無からの説明であった．

これに従い，より突き詰めた事例研究を行う際に二つの予測が並立することになった．一つ目は，「二大政党制／多党制，一院制／二院制」の理論枠組みの下，両国の事例から大連立の仮説を支持する証拠について発見するのは難しいはずという見通しであった．二つ目は，両国の比較から出てくる仮説が誤っているという証拠について，この事例研究では確認できないだろうという見通しであった．これらの予測の下で実際に行った分析では次の点を提起した．それは，政権成立それ自体が危ぶまれる極めて特殊な状況下でも，提起した条件が両国での政権成立のパターンの違いを生みだした原因条件として無視できないという点である．

第六章の分析は仮説構築を目的としていたため，仮説はいかに応用できて，どれほどモデルの改善に関わるのか，といった点を深く検討していなかった．そこで第七章では，扱う事例の範囲を広げた分析を行った．そこではオーストリアの州およびドイツの州を分析に含めている．これらのユニットは仮説を正の結果から裏付けたリヒテンシュタインと同様に，「自立的な小さい政治空間」の下，「小選挙区制でなく」，「英国文化の影響も色濃くない」という背景を有していた．これらに加えて，各ユニットは「政権で核となる政党の少なさ」，「一元代表制」，そして「一院制」という条件も併せて満たしていた．

上記の背景・制約条件の合致から，第七章の事例はリヒテンシュタインとマルタの分析を通じて導出した大連立の仮説を確かめるための，「予測通りの結末を見通せる事例」であったといえる．この事例選択を基に，安定した党支持と開かれた一院制の効果について検討していった．なおその際に，開かれた一院制という条件がトップダウン型とボトムアップ型に細分化されるという仮説修正を行っている．まずボトムアップ型とは，リヒテンシュタインの直接民主制の特徴から導出したものである．そこでは，議会外アクターである有権者が議会と直接結びつき影響を及ぼせることで大連立のメカニズムが作動すると指摘した．対してトップダウン型の特徴は，リヒテンシュタインの君主制の特徴から引き出している．そこでは議会外アクターの侯爵と議会内会派，ないし連邦レベルのアクターになる州首相と権限を奪われている議会内会派の間で板挟みになる政府の下で大連立の仕組みが働くと提起した．

以上の分析の結果，例えオーストリアとドイツの州の固有条件を勘案しても，第六章の仮説について棄却できないことを確認した．また，その仮説がリヒテンシュタインの事例だけを説明するとは限らないことも明らかになった．そこでは第六章の段階に比べて第七章で，より広い文脈でのより確かな仮説を提起できたと考えている．言い換えれば，「二大政党制／多党制，一院制／二院制」を基にしてきた過大規模連合モデルの枠組みに対してより強く再考を迫ることができたといえよう．二院制でなくとも，一院制の下ではいかに議会の外部ア

クターと相互作用するのか．そもそも，その議会は権力関係において政府に対してどういった位置づけか．本書では逸脱事例の説明に注力していたため，未だ説明が求められる異なるパターンの大連立は多々あっただろう．だが本書の知見に基づく更なる問いかけをもって大連立を精査することは，大連立の多様な因果経路を解明する上できっと役立つはずである．

第2節　分析のさらなる一般化

リヒテンシュタインを出発点にして，ドイツおよびオーストリアの州にまで範囲を広げた仮説はその後どのような一般化が可能だろうか．そこでは，背景条件を共有するユニットで更なる検討が求められる．具体的には「政権で核となる政党の少なさ」，「一元代表制」，「一院制」という制約条件の緩和が第一にテーマとなる．第七章では，それぞれの条件緩和を通じた三つの一般化の道筋があると提起していた．それはベルギー，スイスといった「多極型」，スウェーデン，フィンランドなどの「自由型」，そして日本，オーストリアといった「保守型」のグループへの一般化であった（第七章第1節を参照）．

本書の経験分析から，次の二つの一般化に関しては相対的に見通しをつけやすい．その一つ目は，言語的調整を基にして議会制を早期に発展させてきた「多極型」グループへの一般化である．開かれた一院制の特徴は，議会外アクターである有権者の参加できる直接民主制にあった．この制度は，「多極型」であり大連立が常であったスイスでも導入されている．この点を踏まえれば，背景における同質性を想定する「多極型」のグループで一般化の可能性は高いといえるかもしれない．

ただしスイスの事例は，「一院制」と「連立で核となる政党の少なさ」の二条件を同時に緩和する必要がある．一つ一つ制約条件を取り除くことが一般化の手続きとすれば，スイスへの応用はやや飛躍したものといえる．従って，「一院制」の条件だけを緩和できるベルギーが仮説の妥当性を確かめる事例に

なるだろう．しかし，これら「多極型」の事例は二院制を基調としている．そこでは本書で提示した「開かれた一院制」というよりは，「開かれた議会」という分析概念，その複合的機能の精査が求められる．

　二つ目は，長期的な文化統合を背景として議会制の発展が遅れた「保守型」グループへの一般化である．「開かれた一院制」の特徴とは，影響力ある独立した元首と議会内会派に板挟みとなる政府でもあった．この条件は，オーストリアの国家元首が直接選出される半大統領制の事例に一般化できるかもしれない．もちろん，この仮説を検討する上では選出される行政府長の権限のみならず，役割認識，党派性なども考慮されるべきである．だが直接選出される大統領に一般化した説明は，オーストリアの大連立説明に再考を促すものとなるだろう[2]．ただし，このオーストリアの事例への一般化は「一元代表制」と「一院制」という二つの制約条件を一度に緩和するもので，推論の飛躍がある．そこでは「保守型」のグループで，「一元代表制」という条件だけを満たさない事例の分析が重要となる．

　その事例として第六章の分析では，リヒテンシュタインの地方レベル（ゲマインデ）と日本の地方レベル（県）を特定していた．確かに，リヒテンシュタインのゲマインデ責任者とは別に選出される議会（ゲマインデ・ラート）の人員内で組閣が行われることはない[3]．また，知事とは別に選出される日本の地方議員も組閣を行うこともない．こうした特徴は大連立政権の特徴を見いだしにくくする．ただしリヒテンシュタインでは，ゲマインデ責任者の党派性がゲマインデ・ラートでの多数派の党派性と常に同一とは限らない（Marxer 2010：5-6）．また日本の知事選では自由民主党を中心とした政党間での「相乗り」，知事と地方議会議員の合意志向を見て取れる（例えば，曽我／待鳥2007；ヒジノ 2015）．そこでは大統領制の下での大連立という本書を超えた問題とも関わってくるかもしれないが（新川・舛方 2019），大連立の在り方それ自体を再検討して，これらの事例を分析することが求められているように思われる．

　ここまで述べてきた「多極型」，「保守型」の事例への一般化とは次のような

第八章　大連立研究の展望　　*177*

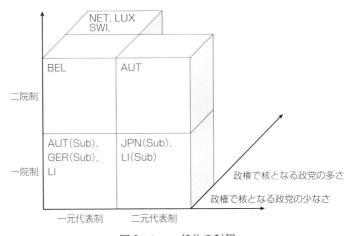

図 8-1　一般化の射程
出典：第六章第1節のデータを基に作成．

図で表すことができる（以下，図 8-1 を参照）．

　図 8-1 は，「開かれた一院制」の効果に関する応用研究の道筋を示している．一方でボトムアップ型の効果について期待できたスイス・「多極型」の事例には，ベルギーの事例を介する必要がある．他方でトップダウン型の効果を期待できたオーストリア・「保守型」の事例には，日本とリヒテンシュタインの事例分析が必要になることを示している．

　ここでは一般化の道筋として「多極型」，「保守型」という二つのグループだけに着目してきたが，北欧を中心に領域統合の後に議会制発展が早期に進んだ「自由型」にも一般化の道筋はある．加えてデンマークの地方レベル，フィンランドなどでは大連立の成立も珍しくない．そこでは，大連立システムの機能について他のグループと同様に期待できる．だがリヒテンシュタインを起点にしたスイス，オーストリアの属するグループへの一般化に比べて，これらの属するグループで同様の仮説の働きを期待する見通しは本書で相対的に立てにくかった．

第3節　大連立分析の含意

　第2節では，分析で得られた大連立の仮説がリヒテンシュタイン一国を超えることについて提起した．確かに本書の分析と得られた仮説では，「二大政党制／多党制，一院制／二院制」に基づく過大規模連合モデルを棄却するのは難しい．だが本書を通じて，大連立メカニズムの複雑性と多様性を考慮しつつ，モデルを再考することの重要性は提起できたと考えている．この本書での試みとは図8-2のように図示できる．

　図8-2は第二章で提起した枠組みに，本書の仮説を組み込んだものである．そこではまず，次の条件組み合わせが状況的なロジックとして政党に影響を及ぼすことについて提起する．それは「ボトムアップ型ないしトップダウン型の開かれた一院制」，および「党の安定した支持」である．そして，これに基づいて，「連立可能性ないし連立必要性」という認識的なメカニズムを選択のロジックとして意思決定者（政党）は働かせる[4]．このメカニズムの結果として大連立，詳しくはタイプ1・タイプ2に分別された大連立が実現すると三点目に描かれている．最後に，この因果的仕組みと実践がスイス型と混合型に細分化される交渉・合意型の政治様式を形作ると示されている．

　この大連立の逐次的なメカニズムは，政治システムを構成する各要素が無差別的に連動することに疑念を差し挟む（Hedström / Ylikoski 2010）．例え対決・競争型を連想させる二大政党制・一院制下であっても，条件の組み合わせとその逐次的な連鎖によって，図8-2のように大連立が出力されて，交渉・合意型の政治様式は生成されうる．こうした分析枠組みの中，一方の「ボトムアップ型」の特徴とした直接民主制とは交渉・合意型の構成要素になることが提起されている（Kriesi 2015）．本書の一般化の更なる試みとは，この命題の内実と射程を再検討するための作業といえる．他方で，「トップダウン型」と関わりある独立した元首の存在が交渉・合意型の政治を促すのかどうかは論争的であ

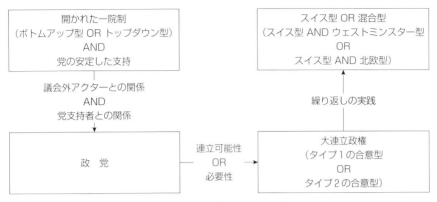

図 8-2 大連立のメカニズム

出典：筆者作成．

る（例えば，Lauth 2010；Clark *et al.* 2013：Ch. 12）．そのため，本書からの一般化はこの命題の内実をより精査していく試みとなるだろう．

ただし図 8-2 では政党政治から民主政治へのつながりを因果的な説明を伴って示した一方，有権者から議会，政権，そして官僚へ繋がる民主政治の具体的な連鎖は明確でなかった（例えば，Strøm 2000）．そこで以下では，本書で得た仮説が民主政治の連鎖の中でどのように位置づけられるのかについて確認しておく．

一方で，トップダウン型の「開かれた一院制」の特徴として見いだせたリヒテンシュタイン侯爵は有権者に伝統的に受入れられてきたことを特徴とする．そこでは，有権者の選好を共有させるための事前の厳格なふるい分けがリヒテンシュタインの君主制の制度設計でなされているとはいえない（ex ante screening of agents, Strøm 2003）．他方，リヒテンシュタインで見出せたボトムアップ型の開かれた議会は，有権者の直接政治参加を介した手続きが機能することについて示す．これはリヒテンシュタインの有権者が議会，政府に対する独自のチェック機能を果たしうることについて示すものである．こうした特徴からは，二重の大連立メカニズムがリヒテンシュタインでの説明責任の連鎖問題と関係

180 第Ⅳ部 大連立政権は民主政治の十分条件か

して働いていたと考えられる.

　リヒテンシュタイン侯爵と比べて，トップダウン型の「開かれた一院制」の一つの特徴とみなしたオーストリアの州首相とは定期的な選挙を介して選出されている．だが有権者に端を発する連鎖の上に立つ州首相は，連邦の代理人としての立場もある．そのため，その政治的決定は有権者，そして権限のとても弱いオーストリア州議会議員にとって不透明さを抱えやすい（ドイツでの同種の問題として，Kropp 2010a：128）．本書で提起したトップダウン型の「開かれた一院制」に基づく大連立のメカニズムは，こうした状況と機能的にリンクしていたのだろう．そしてオーストリアの州の場合は，「政権の比例代表制」も運用することで，大連立をより固定させてきたとも解釈できる．

　ただしオーストリアの州では1990年代以降，州首相公選の制度を導入するという議論があった（例えば，Schranz 1998）．これは「政権の比例代表制」の廃止の議論とも連動しており，より根本的には各党が安定支持を以前に比べ得にくくなってきたという政党のゆらぎの問題と結びついている（Dachs 1995；Müller 2000 を参照）．政党のゆらぎは，「トップダウン型の開かれた一院制」，「政権の比例代表制」に基づくシステムの再点検を余儀なくさせたと考えられるのである[5]．

　こうした交渉・合意型での実践からは大連立を固定することが長期的な民主政治の運用で可能かどうかについて疑問符をつける．大連立の不成立を必要条件とするシステムは，ここにおいて一つの解決策かもしれない．しかし交渉・合意型政治の経路依存がある中，理想的な対決・競争型へ容易に移行できるとは考えにくい[6]．また大連立が選択肢からなくなる政治では，マルタの憲法危機に見たように危機的状況を引き起こす可能性について完全に払しょくすることはできない．大連立を考慮できないほどに過熱した政党間の競争関係は，システムの脱構築に向けたドライブをかけると考えられるのである．本書の分析結果からは，大連立を念頭に置けることがシステム安定へ寄与すると指摘できるが，大連立を必要十分とすることは民主政治の本質において問題を抱えること

になるとも考える．そこでは一つの解決策として，大連立を十分条件にできる制度設計について更に考案することが求められるだろう．

　こうした点を考えることは設計図の詳細を検討していくことに似ているが，現実は図面とは異なり流動的である．例えば，議会制民主主義の要の役割を果たしてきた既成政党の変容，グローバルイシューに呼応して台頭するポピュリスト政党が昨今大きなテーマとなっている．また民主政治の質を高める参加と熟議，他方で民主政治の赤字とも見なされる政体の重層化（顕著な例となる EU）について多くの議論が交わされるようになった．こうした本書と関わりのある各国のダイナミズム，収斂と分岐を無視することはできない．そのため，民主政治のデザインの多様性と複雑さについて，本書の枠組みでいうところの混合型（スイス型＊ウェストミンスター型ないしスイス型＊北欧型）についても今後一層検討することが求められると考えている．

注

1 ）　二つのカテゴリーは曖昧さに基づく可能性の理論，不確実さに基づく確率の理論の双方の視点から捉えうる（先駆的な試みとして，Lijphart 1971；Eckstein 1975：118-119）.

2 ）　2016年に行われたオーストリア連邦大統領選では，その主役は従来の二大政党ではなかった．これは，戦後から二大政党のどちらかの党派から大統領が選出されてきたオーストリア政治の変化の兆しとも見て取れる．こうした異なる党派の大統領が出てくる可能性の高まりは，オーストリアの交渉・合意型の政治様式について半大統領制の観点から再検討を促すものとなるだろう．

3 ）　現行のリヒテンシュタイン憲法において，11のゲマインデではその責任者（Gemein-devorsteher）の直接選出が規定されている．そして，この責任者以外にもゲマインデ・ラート（Gemeinderat）へ人員が以下の規定を伴って選挙で選出される．まず住民の数が1500人以下のゲマインデでは 6 人か 8 人選出される．次に3000人以下のゲマインデでは 8 人か10人，最後に3000人以上のゲマインデでは10人か12人選出されることが規定されている（リヒテンシュタイン憲法 Art. 38）.

4 ）　ここでの合理的な政党という前提は分析上での前提であり，絶対視されるべきものでない（Marton 1936：902）．党内の特徴に目を向けつつ，更なる検討が必要と考え

ている（例えば，van Beest 2011 も参照）．

5）同様に党への固定支持を獲得しにくくなってきたリヒテンシュタインでも2000年代後半，首相の直接選出という議論を見て取れる（Marxer 2010）．しかし首相の直接選出は有権者の新しい直接的な委任先を創設する一方で，リヒテンシュタインの場合はオーストリアの州とは意味が異なってくる．というのも，この首相の直接選出が実現したとしても侯爵の裁量権に変わりはないためである．リヒテンシュタインの場合は，侯爵が既に大統領と同種の機能を果たしているともみなせるのである（Ibid.：11）．

6）この点は，政府の正統性とも関わってくる（先駆け的な議論として，Habermas 1976）．これを考える上で，時間的な経過によってシステムがサブシステムへ分化していくという特徴について見逃すことはできない（Luhman 1989）．大連立システムとは協調的行動，それを促す要素のセットであり（Armingeon 2011：555），その協調の度合いはその制度設計，歴史・制度的な経路依存とも結びつけて検討されるべきである（例えば，Vatter 2016）．

お わ り に

　この本では国際比較を通じて大連立政権の成立について考えてきた．分析を通じて，大連立が民主政治の十分条件であるのかという本のタイトルの問いかけに，答えが YES であり NO でありうることの奥行きを示せたのかどうか．手に取って下さった方のご判断に委ねたい．なお，この本は2017年3月に上智大学大学院グローバル・スタディーズ研究科国際関係論専攻に提出した博士学位申請論文「十分条件から大連立を考える：21か国の多面的比較を通じたパターン分析」を基にしている．また出版にあたっては，独立行政法人日本学術振興会の2018年度科学研究費助成事業（科学研究費補助金）（研究成果公開促進費）「学術図書」の助成を受けた（課題番号：18HP5147）．

　この本の問題意識の根幹には，「現地に入って外国政治を研究する」，「デモクラシーにとっての意味を問う」という指導教員であった上智大学外国語学部の河﨑健先生の教えがあった（河﨑 2015：365）．私なりにそれを実践してみたものの，先生はご納得下さるのだろうか．いずれにしても2011年に上智大学の博士前期課程へ進んだ時からずっと私を辛抱強く指導してくださった河﨑先生には格別の感謝の意を表したい．なお河﨑先生は『ドイツの政党の政治エリート輩出機能』（仮題）（晃洋書房）をご出版予定である．博士課程の指導をして下さった父親的立場，ドイツ語でいうところの Doktorvater である先生と同じ出版社から本を出せることはとても喜ばしく，そして少し鼻が高い．また上智大学の学部生時代からご指導ご鞭撻を賜り，博士論文の副査も務めてくださった上智大学総合グローバル学部の岸川毅先生にも深く感謝申し上げる．先生の講義「概説国際関係論」を夢中で受けていた頃から10年以上たったが，「国際関係論概説」という講義を上智大学で私も担当できたのはとても感慨深い．ただし，この本の分析では国際関係論とのつながりまでを明確にはできなかった．

大連立の分析を通じた比較政治学と国際関係論の双方への問いかけは今後の課題としたい.

　大学院に進学して以来は，のびのび研究する環境があった一方，切磋琢磨する良い先輩・同期・後輩にも恵まれた．特に，山越裕太氏，原田有氏，松嵜英也氏からは研究会などを通じて多くのご指摘・コメントを頂戴した．この研究会で同じく多くのアドバイスを頂いてきた舛方周一郎氏は，この本で残った「大統領制での大連立」という宿題へ取り組む機会を私に与えて下さった．同氏との共同研究の一つの成果である「ラテンアメリカの大統領制下における大連立」『アジア経済』(2019年，採用決定済) は，この本の次の話につながる足掛かりと認識している．また同期の中村富彦氏には忙しい合間を縫って，日本語が日本語になっていない本の草稿の段階から何度も注意深く読んでいただいた．それぞれ院生時代からの付き合いで「先生」などの肩書をつけるのをためらってしまったので，ここでは「氏」とお呼びして心からの感謝の意を表したい.

　上智大学を離れたところでも様々な方にお力添えを頂いた．早稲田大学政治経済学術院の日野愛郎先生とは2012年に学会でお会いして以来，日本で普及していなかった QCA の方法について折に触れてご相談させていただいた．その中で QCA を先駆的に用いられていた関西学院大学の石田淳先生や上智大学の先輩であり長崎大学の藤田泰昌先生から色々お話しをうかがえたことも，QCA を用いた政治学的分析を行う上で大きな励みとなっている.

　またスイス政治をご専門とされる東海大学政治経済学部の岡本三彦先生には，リヒテンシュタインという認知度が決して高くない国を扱った博士論文の副査を務めていただき，多くのご指摘・コメントを頂戴した．加えて日本リヒテンシュタイン協会の皆様，特に植田信行 (名誉) 会長からはリヒテンシュタインをより知るための貴重な交流の場への参画機会を下さった．そしてリヒテンシュタイン政治を研究する上では現地にある Liechtenstein Institut の皆様，中でも共著として出版に至った *State Size Matters* (Springer 出版) の編者 Sebastian Wolf 先生には大変示唆に富むアドバイスを賜ることができた．ただ心残

りなのは，この本ではリヒテンシュタインを事例として扱い，リヒテンシュタイン政治の理解のために多くの紙面を割くことができなかった点である．リヒテンシュタインの奥深さに触れるための取り組みは今後の課題であると考えている．

「ドイツ学術交流会（DAAD）」のご支援もあって，ヨーロッパで長期研究滞在できたことは本書の出版に欠かせなかった．連立研究を専門とするベルリン自由大学オットー・ズール政治学研究所のザビーネ・クロップ（Sabine Kropp）先生のご指導は本当に貴重であった．またクロップ先生の下で同僚であったアーロン氏（Aron Buzogány）とイェンス氏（Jens Häsing）にも博士論文を書く上で沢山のアドバイスを頂戴しており，感謝の念に堪えない．

両氏との研究交流の中で，中東欧の政治を専門とするアーロン氏からインスパイアを受けたのが「中東欧での大連立」というテーマであり，'Oversized coalitions in Central and Eastern Europe' *East European Politics*（2018）を出版する契機となった．しかし，この「中東欧での大連立」の研究が本書とどのように次の研究において結びつけられるのか．残った宿題には今後向き合わなければならない．他方で，ドイツの州の政治を専門とするイェンス氏から影響を受けたのが「サブナショナルなレベルでの大連立」というテーマであり，これが「ドイツの州における大連立」『比較政治研究』（2016）へとつながっている．だが，本書ではドイツの州を十全に取り扱えたとはいいがたく，これも今後の課題であると認識している．

クロップ先生がまだシュパイアー行政大学院に籍を置き，私がそこの客員研究員であった頃に，ダルムシュタット工科大学政治学研究所のアンドレアス氏（Andreas Corcaci）と知り合えたことも大きな研究の励みとなった．彼自身，QCA に関心をもって研究を行っており，ドイツで私が QCA の分析を進める上での悩みの共有のみならず，論文執筆などを共に行う機会もあったのは本当に幸運であった．

以上で挙げた方々に限らず，国内外の学会等で様々な方に助けられている．

その中には，読むに堪えない博士論文の草稿に目を通してくださった同志社大学総合政策科学研究科の新川達郎先生もいる．父として研究者として人生の先輩である彼と母・優子の常日頃からの支援は，いまだ道半ばであるが，研究者として歩もうとする私の背中を押し続けてきてくれた．また妻の真貴子には苦労をかけてばかりだが，読みなれない研究論文の草案を読んでもらったり，書く上でのアイディアをもらったりと，読み手目線のアドバイスは大変貴重なものだった．本当にありがとう．

　最後にマイペースな私に根気強くお付き合いいただき，出版に至るまでに多方面で沢山のお力添えを頂いた晃洋書房編集部の山本博子氏に深く感謝したい．この出版を通じて，どれだけ民主政治を問うことができたのかを第一に考えるべきかもしれない．だが，今は2018年に生まれた第一子の夕莉がこの本を手に取り，何か考えてくれるのか否か，そんな些細なことが気がかりである．

　　2018年12月

新 川 匠 郎

参考資料・文献

参考資料

Amt für Statistik Fürstentum Liechtenstein（1945-2013）*Statistisches Jahrbuch Liechtensteins.*

Central office of statistics Malta（1966-1999）*Annual Abstract of Statistics.*

European commission for democracy through law（2002）Opinion on the amendments to the constitution of Liechtenstein proposed by the princely house of Liechtenstein, *Opinion* 227, Strasbourg.

Fritz, G.（1997a）VU lädt FBPL zu Koalitionsverhandlungen ein. *Liechtensteiner Vaterland,* 4 February 1997, 1.

Fritz, G.（1997b）Koalitionsangebot an die FBPL bekräftigt. *Liechtensteiner Vaterland,* 25 February 1997, 1.

Fritz, G.（1997c）"Rote Karte" hat der FBPL massiv geschadet. *Liechtensteiner Vaterland,* 1 March 1997, 1.

Fritz, G.（2001）VU-Landesvorstand für konstruktive Zusammenarbeit ohne Regierungsbeteiligung. *Liechtensteiner Vaterland,* 21 March 2001, 1.

Freedom House, http://freedomhouse.org/report/freedom-world/2004/liechtenstein. Accessed: December 31, 2015.

Groupe d'Etats contre la corruption（2011）Gemeinsame Erste und Zweite Evaluationsrunde, *Evaluationsbericht über Liechtenstein,* Greco Eval I/II Rep 1E, Strasbourg.

Liechtensteiner Vaterland（1978a）Gespräch mit Liechtensteins künftigem Regierungschef Hans Brunhart. 9 February 1978.

Liechtensteiner Vaterland（1978b）Koalitionsangebot an die FBP. 16 February 1978.

Liechtensteiner Vaterland（1978c）Die Koalitionspapiere sind unterzeichnet. 25 April 1978.

Liechtensteiner Volksblatt（1978a）Ein Interview mit FBP-Präsident Dr. Peter Marxer. 9 March 1978.

Liechtensteiner Volksblatt（1978b）Noch kein Ergebnis, ein Interview mit FBP-Präsident Dr. Peter Marxer. 29 March 1978.

Liechtensteiner Volksblatt（1978c）Konkrete Lösung in Sicht！29 March 1978.

National Statistics Office Malta, http://nso.gov.mt/en/Pages/NSO-Home.aspx. Accessed:

December 31, 2015.

Malta Elections, http://www.um.edu.mt/projects/maltaelections/home. Accessed: December 31, 2015.

Organisation for Economic Co-operation and Development (1970) *Long-term Trends in Tax Revenue of O. E. C. D. Member Countries 1955-80,* OECD Publishing.

Organisation for Economic Co-operation and Development (2014) *Revenue Statistics: 1965-2009: Special Feature: Environmentally Related Taxation,* OECD Publishing.

Schädler, P. (1997) FBPL noch unschlüssig. *Liechtensteiner Vaterland,* 13 February 1997, 1.

Schulamt des Fürstentums Liechtenstein (2007) *Fürst und Volk. Eine liechtensteinische Staatskunde.*

The Times (1982) N. P. Leader stresses solution must be found. 5 February 1982, 16.

The Times (1987a) Constitutional amendments approved. 28 January 1987, 1.

The Times (1987b) MLP mass meeting at Zabber. 16 March 1987, 4.

Verfassungen der Welt, Gegenwärtige und historische, nationale und internationale Verfassungstexte in deutscher Sprache, http://www.verfassungen.de. Accessed: December 31, 2015.

日本語（訳）・参考文献

浅野正彦・矢内勇生（2013）『Stata による計量政治学』オーム社.

網谷龍介・伊藤武・成廣孝（編）(2014)『ヨーロッパのデモクラシー』改訂第二版, ナカニシヤ出版.

石田淳（2009）「ファジィセット質的比較分析の応用可能性」『理論と方法』 第26巻, 371-388頁.

岩渕美克・岩崎正洋（編）(2018)『日本の連立政権』八千代出版.

岡澤憲芙（1988）『政党』東京大学出版会.

加藤淳子（2011）「政党と政権」, 川人貞史・吉野孝・平野浩・加藤淳子（編）『現代の政党と選挙』, 有斐閣.

鹿又伸夫・長谷川計二・野宮大志郎（2001）『質的比較分析』ミネルヴァ書房.

河崎健（2015）『ドイツの政党の政治エリート輩出機能——候補者擁立過程と議会・政府内昇進過程をめぐる考察——』コンラート・アデナウアー財団出版部.

川人貞史（2015）『議院内閣制』東京大学出版会.

岸川毅・岩崎正洋（編）(2004)『アクセス地域研究』日本経済評論社.

篠原一（1977）『連合時代の政治理論』現代の理論社.

曽我謙吾・待鳥聡史（2007）『日本の地方政治——二元代表制政府の政策選択』名古屋大学

出版.

成田憲彦（2001）「日本の連立政権形成における国会の論理と選挙制度の論理」『選挙研究』第16巻，18-27頁.

新川匠郎（2016）「ドイツの州における大連立」『比較政治研究』第2巻，1-22頁.

新川匠郎（2017a）「集合論から見える新しい地平とは？」『年報政治学』第1巻，203-226頁.

新川匠郎・舛方周一郎（2019）「ラテンアメリカの大統領制下における大連立」『アジア経済』（採用決定済）.

ヒジノケン・ビクター・レオナード（2015）『日本のローカルデモクラシー』芦書房.

保城広至（2015）『歴史から理論を創造する方法：社会科学と歴史学を統合する』勁草書房.

増山幹高・山田真裕（2004）『計量政治分析入門』東京大学出版.

森正（2011）「日本における政党連立モデル」『オペレーションズ・リサーチ：経営の科学』第56巻第4号，221-226頁.

鷲見幸美（2013）「カテゴリー化とプロトタイプ」，森雄一・高橋英光（編）『認知言語学』くろしお出版.

Berg-Schlosser, D., G. De Meur, B. Rihoux and C. Ragin（2009）'Qualitative Comparative Analysis（QCA）as an Approach', in B. Rihoux and C. Ragin（eds）, *Configurational comparative methods*, Thousand Oaks, CA and London: Sage, 1-18.（石田淳・齋藤圭介監訳（2016）『質的比較分析（QCA）と関連手法入門』晃洋書房.）

Brady, H. and D. Collier（eds.）（2010）*Rethinking Social Inquiry, Diverse Tools, Shared Standards*, Lanham, Boulder, New York, Tronto, and Plymouth: Rowman & Littlefield Publishers.（泉川泰博・宮下明聡訳（2014）『社会科学の方法論争』勁草書房.）

Coleman, J.（1990）*Foundation of Social Theory*, Cambridge: Harvard University Press.（久慈利武監訳（2004）『社会理論の基礎 上』青木書店.）

Cronquvist, L.（2009）'Multi-Value QCA（mvQCA）', in B. Rihoux and C. Ragin（eds.）, *Configurational comparative methods*, Thousand Oaks: SAGE, 69-86.（石田淳・齋藤圭介監訳（2016）『質的比較分析（QCA）と関連手法入門』晃洋書房.）

Dodd, L.（1976）*Coalitions in Parliamentary Government*, Princeton, N. J.: Princeton University Press.（岡澤憲芙訳（1977）『連合政権考証』政治広報センター.）

Downs, A.（1957）*An Economic Theory of Democracy*, New York: Haper.（吉田精司監訳（1980）『民主主義の経済理論』成文堂.）

Easton, D.（1965）*A Framework for Political Analysis*, Englewood Cliffs: Prentice-Hall.（岡村忠夫訳（1968）『政治分析の基礎』みすず書房.）

George, A. and A. Bennet（2005）*Case Studies and Theory Development in the Social Science*, Cambridge, Massachusetts, London, England: MIT Press.（泉川泰博訳（2013）

『社会科学のケース・スタディ』勁草書房.）

Goertz, G. and J. Mahoney（2012）*A Tale of Two Cultures*, Princeton: Princeton University Press.（西川賢・今井真士訳（2015）『社会科学のパラダイム論争』勁草書房.）

King, G., R. Keohane, and S. Verba（1994）*Designing Social Inquiry, Inference in Qualitative Research*, Princeton University Press.（真淵勝監訳（2004）『社会科学のリサーチ・デザイン』勁草書房.）

Kuhn, T.（1962）*The Structure of Scientific Revolution*, Chicago: Chicago University Press.（中山茂訳（1971）『社会革命の構造』みすず書房.）

Laudan, L.（1984）*Science and Values*, University of California Press.（小草泰・戸田山和久訳（2009）『科学と価値』勁草書房.）

Lehmbruch, G.（1996）,Die korporative Verhandlungsdemokratie in Westmitteleuropa', *Swiss Political Science Review* 2(4), 1-41.（河崎健訳（2004）『中欧西部における団体協調型交渉デモクラシー』, 加藤秀次郎（編）『西欧比較政治』一藝社, 166-191頁.）

Lijphart, A.（1977）*Democracy in plural societies, A comparative exploration*, New Haven: Yale University Press.（内山秀夫（1979）『多元社会のデモクラシー』三一書房.）

Lijphart, A.（2012）*Patterns of Democracy, Government Forms and Performance in Thirty-Six Countries*, 2nd edition, New Haven, CT and London: Yale University Press.（粕谷裕子（2014）『民主主義対民主主義』第二版, 勁草書房.）

De Meur, G., B. Rihoux and S. Yamasaki（2009）'Addressing the Critiques of QCA', in B. Rihoux and C. Ragin（eds）, *Configurational comparative methods*, Thousand Oaks, CA and London: Sage, 147-166.（石田淳・齋藤圭介監訳（2016）『質的比較分析（QCA）と関連手法入門』晃洋書房.）

Michels, R.（1989［1911］）*Zur Soziologie des Parteiwesens in der modernen Demokratie, Untersuchungen über die oligarchischen Tendenzen des Grupenlebens*, 4 Auflage, Stuttgart: Kröner.（森博・樋口晟子訳（1990）『現代民主主義における政党の社会学』木鐸社.）

Panebianco, A.（1988）*Political Parties. Organization and Power*, Cambridge: Cambridge University Press.（村上信一郎訳（2005）『政党』ミネルヴァ書房.）

Poguntke, T. and P. Webb（2005）'The presidentatialization of politics in democratic societies', in: T. Poguntke, P. Webb（eds.）, *The presidentialization of politics*, Oxford: Oxford University Press, 1-25.（岩崎正洋監訳（2014）『民主主義はなぜ「大統領制化」するのか』ミネルヴァ書房.）

Ragin, C.（1987）*The Comparative Method, Moving Beyond Qualitative and Quantitative Strategies*, Berkeley, Los Angeles and London: University of California Press.（鹿又

伸夫監訳（1993）『社会科学における比較研究』ミネルヴァ書房.）

Ragin, C.（2009）'Qualitative Comparative Analysis Using Fuzzy Sets（fsQCA）', in B. Rihoux and C. Ragin（eds），*Configurational comparative methods*, Thousand Oaks, CA & London: Sage, 87-122.（石田淳・齋藤圭介監訳（2016）『質的比較分析（QCA）と関連手法入門』晃洋書房.）

Sartori, G.（1976）*Parties and Party Systems. A Framework for Analysis*, Cambridge: Cambridge University Press.（岡澤憲芙・川野秀之（1992）『現代政党学』新装版，早稲田大学出版.）

Tsebelis, G.（2002）*Veto players. How Political Institutions Work*, Princeton, Woodstock: Princeton University Press.（真柄秀子・井戸正伸監訳（2009）『拒否権プレイヤー』早稲田大学出版.）

Yamasaki, S. and B. Rihoux（2009）'A Commented Review of Applications', in B. Rihoux and C. Ragin（eds），*Configurational comparative methods*, Thousand Oaks, CA and London: Sage, 123-146.（石田淳・齋藤圭介監訳（2016）『質的比較分析（QCA）と関連手法入門』晃洋書房.）

Weber, M.（1921［1989］）*Gesammelte Politische Schriften*, Tübingen: UTB.（中村貞二・山田高生・脇圭平・嘉目克彦訳（1982）『政治論集 2』みすず書房.）

外国語・参考文献

Abbott, A.（1988）'Transcending general linear reality', *Sociological Theory* 6（2），169-186.

Ahram, A. and R. Sil（2012）'When Multi-Method Research Subverts Methodological Pluralism — or, Why We Still Need Single-Method Research', *Perspectives on Politics* 10（4），935-953.

Ahram, A.（2013）'Concepts and Measurement in Multimethod Research', *Political Research Quarterly* 66（2）: 280-291.

Albright, J.（2010）'The multidimensional nature of party competition', *Party Politics* 16（6），699-719.

Aldrich, J.（1995）*Why parties ?, The origin and transformation of party politics in America*, Chicago: University of Chicago Press.

Andeweg, R.（2000）'Consociational Democracy', *Annual Review of Political Science* 6, 509-536.

Andeweg, R.（2013）'Parties in Parliament', in W. Müller and H. Narud（eds.），*Party governance and party democracy*. Wiesbaden: Springer VS, 99-114.

Anckar, D. (2008) 'Size, islandness, and democracy', *International Political Science Review* 29(4), 433-459.

Anckar, D. (2013) 'Introduction II Legislatures in small politics', in N. Baldwin (ed.), *Legislatures of Small States,* London and New York: Routledge, 12-20.

Armingeon, K. (2011) 'Democracy, consensual', in B. Badie, D. Berg-Schlosser, and L. Morlino (eds.), *International encyclopedia of political science vol. 2,* Los Angels: Sage, 553-559.

Axelrod, R. (1970) *Conflict of interest, A theory of divergent goals with applications to politics,* Chicago: Markham Publishing Company.

Bailey, K. (1994) *Typologies and Taxonomies, An introduction to classification techniques,* Thousand Oaks and California: SAGE.

Bale, T. and T. Bergman (2006) 'Captives No Longer, but Servants Still?', *Government and Opposition* 41(3), 422-449.

Banaszak, L. and Doerschler, P. (2012) 'Coalition type and voter support for parties', *Electoral Studies* 31, 46-59.

Bandyopadhyay, S. and K. Chatterjee (2012) 'Models of Coalition Formation in Multilateral Negotiations', in G. Bolton and R. Croson (eds.), *The Oxford Handbook of Economic Conflict Resolution,* Oxford: Oxford University Press, 76-90.

Bartolini, S. (1998) 'Coalition Potential and Governmental Power', in P. Pennings and J.-E. Lane (eds.), *Comparing Party System Change,* London, New York: Routledge, 36 -56.

Batliner, G. (1981) *Zur heutigen Lage des liechtensteinischen Parlaments.* Vaduz: Verlag der Liechtensteinischen Akademischen Gesellschaft.

Baumgartner, M. (2015) 'Parsimony and Causality', *Quality & Quantity* 49(2), 839-856.

Baumgartner, M. and A. Thiem (2015) 'Model Ambiguities in Configurational Comparative Resarch', *Sociological Methods & Research,* DOI: 10.1177/004912411561035.

von Bayme, K. (1983) 'Governments, Parliaments and the Structure of Power in Political Parties', in H. Daalder and P. Mair (eds.), *Western European Party Systems,* London: Sage, 341-367.

Bawn, K. and F. Rosenbluth (2006) 'Short versus long coalitions', *American Journal of Political Science* 50(2), 251-265.

Bäck, H. and P. Dumont (2006) 'Why so few, and why so late?', *European Journal of Political Research* 45(1), 35-67.

Bäck, H. and P. Dumont (2007) 'Combining large-n and small-n strategies', *West Euro-*

pean Politics 30(3), 467-501.

Bäck, H. (2012) 'Book review: Puzzles of Government Formation', *West European Politics* 35(4), 934-936.

Bäck, H. and J. Lindvall (2015) 'Commitment problems in coalitions', *Political Science Reseaerch and Methods* 3(1), 53-72.

Beach, D. and R. Pedersen (2013) *Process-Tracing Methods*, Ann Arbor: The University of Michigan Press.

Beach, D. and R. Pedersen (2016) *Causal case studies, Comparing, Matching and Tracing*, Ann Arbor: Universsity of Michigan Press.

van Beest, I. (2011) 'A neglected alternative ?', in R. Andeweg, L. De Winter, and P. Dumont (eds.), *Puzzles of Government Formation*, New York: Routledge, 24-43.

Bejar, S., B. Mukherjee and W. H. Moore (2011) 'Time horizon matter', *Economics of Governane* 12(3), 201-235.

Benoit, K., T. Bräuninger, and M. Debus (2009) 'Challenges for estimating policy preferences', *German Politics* 18(3): 440-453.

Benotti, M. (2011) 'Conceptualising Political Parties', *Politics* 31(1), 19-26.

Benz, A. and C. Zimmer (2010) 'Germany', in: J. Loughlin, F. Hendriks and A. Lidström (esd.), *The Oxford Handbook of Local and Regional Democracy in Europe*, Oxford: Oxford University Press, 146-172.

Benz, A. (2015) 'Lehmbruch versus Lijphart', in V. Schneider and B. Eberlein (eds.), Complex democracy, Heidelberg, New Yrok, Dortrecht, and London: Springer, 69-82.

Bergman, T. (1993) 'Formation rules and minority governments', *European Journal of Political Research* 23(1), 55-66.

Bergman, T., E. Geber, S. Kastner and B. Nyblade (2008) 'The empirical study of cabinet governance', in K. Strøm, W. Müller and T. Bergman (eds), *Cabinets and Coalition Bargaining*, Oxford: Oxford University Press, 85-122.

Bergman, T., S. Ersson, and J. Hellström (2015) 'Government formation and breakdown in Western and Central Eastern Europe', *Comparative European Politics* 13, 345-375.

Berg-Schlosser, D. und L. Cronqvist (2012) *Aktuelle Methoden der Vergleichenden Politikwissenschaft*, Opladen: Verlag Barbara Budrich.

Berg-Schlosser, D. (2009) ,Vergleichende Politikwissenschaft in Deutschland', *Politische Vierteljahresschrift* 50(3), 433-450.

Bernauer, J. and A. Vatter (2012) 'Can't get no satisfaction with the Westminster model?', *European Journal of Political Research* 51(4), 435-468.

Black, D. (1948) 'On the Rationale of Group Decision-making', *Journal of Political Economy* 56(1), 23-34.

Blais, A. and R. Carty (1987) 'The impact of electoral formulae on the creation of majority governments', *Electoral Studies* 6(3), 209-218.

Blondel, J. (1990) *Comparative Government, An Introduction.* New York; London: Philip Allan.

Bogdanor, V. (1983) 'Introduction', in V. Bogdanor (ed.), *Coalition Government in Western Europe.* London: Heinemann Educational, 1-15.

Boissevain, J. (1994) 'A Politician and His Audience', in R. Sultana and G. Baldacchino (eds.), *Maltese Society,* Malta: Mireva Publications, 409-420.

Bolleyer, N. and E. Bytzek (2009) 'Government Congruence and Intergovernmental Relations in Federal Systems', *Regional & Federal Studies* 19(3), 371-397.

Bowler, S., T. Bräuninger, M. Debus and I. Indridason (2016) 'Let's Just Agree to Disagree', *The Journal of Politics* 78(4), DOI: 10.1086/686805.

Brambor, T., W. Clark and M. Golder (2006) 'Understanding Interaction Models', *Political Analysis* 14(1), 63-82.

Braumoeller, B. (2003) 'Causal Complexity and the Study of Politics', *Political Analysis* 11(3), 209-233.

Braumoeller, B. (2014) 'Analyzing Interactions', *Qualitative & Multi-Method Research* 12(1), 41-45.

Braumoeller, B. (2015) 'Guarding Against False Positives in Qualitative Comparative Analysis' *Political Analysis* 23(2), 471-487.

Bräuninger, T. und M. Debus (2012) *Parteienwettbewerb in den deutschen Bundesländern.* Wiesbaden: VS Verlag.

Brunhart, A., K. Kellermann and S.-H. Schlag (2012) ‚Drei Phasen des Potentialwachstums in Liechtenstein', *KOFL Working papers* 11, 1-26.

Budge, I. and M. McDonald (2012) 'Conceptualizing and measurement and 'centrism' correctly on the Left-Right scale (RILE)-without systematic bias', *Electoral Studies* 31, 609-612.

Bullwinkel, B., L. Probst, und J. Stracke (2011) ‚Die Parteien im Bundesland Bremen', in L. Probst (Hrsg.), *Politische Institutionen, Wahlen und Parteien im Bundesland Bremen,* Münster: LIT, 47-76.

Bulmer, W. (2014) 'Constrained majoritarianism', *Commonwealth & Comparative Politics*

52(2), 232-253.

Buzogány, A. and S. Kropp (2013) ‚Koalitionen von Parteien‘, in O. Niedermayer (Hrsg.), *Handbuch Parteienforschung,* Wiesbaden: Springer VS für Sozialwissenschaften, 261 -293.

Büsser, R. (2015) ‚Parlamentarisches Policy-Agenda-Setting des monarchischen Staatsoberhaupts in Liechtenstein‘, in S. Wolf (Hrsg.), *State size matters,* Wiesbaden: Springer VS, 59-82.

Cairney, P. And A. Widfeldt (2015) ‘Is Scotland a Westminster-style majoritarian democracy or a Scandinavian-style consensus democracy ?’, *Regional and Federal Studies* 25(1), 1-18.

Casal Bértoa, F. and P. Mair (2012) ‘Party system institutionalization across time in post-communist Europe’, in F. Müller-Rommel and H. Keman (eds.), *Party Government in the New Europe,* Londn: Routledge, 85-112.

Casal Bértoa, F. and Z. Enyedi (2014) ‘Party system closure and openness’, *Party Politics,* DOI: 10.1177/1354068814549340.

Casey, P., M. Gibilisco, C. Goodman, K. Pook, J. Mordeson, M. Wierman and T. Clark (2014) *Fuzzy Social Choice Models,* Heidelberg, New York, Dordrecht, London: Springer.

Chatterjee, A. (2011) ‘Ontology, epistemology, and multimethod research in political science’, *Philosophy of the Social Sciences* 43(1), 73-99.

Cheibub, J. A., A. Przeworski, and S. M. Saiegh (2004) ‘Government Coalitions and Legislative Success under Presidentialism and Parliamentarism’, *British Journal of Political Science* 34(4), 565-587.

Cheibub, J. A. (2007) *Presidentialism, parliamentalism, and democracy,* Cambridge: Cambridge University Press.

Christiansen, J. and E. Damgaard (2008) ‘Parliamentary Opposition under Minority Parliamentarism: Scandinavia’, *Journal of Legislative Studies* 14(1-2), 46-76.

Cini, M. (2002) ‘A Divided Nation’, *South European Society and Politics* 7(1), 6-23.

Clark, T., J. Larson, J. Mordeson and M. Wierman (2008) ‘Extension of the portfolio allocation model to surplus majority governments’, *Public Choice* 134(3-4), 179-199.

Clark, W. R., M. Golder and S. N. Golder (2013) *Principles of comparative politics,* 2nd edition, Washington, DC: CQ Press.

Cody, H. (2008) ‘Minority Government in Canada’, *American Review of Canadian Studies* 38(1), 27-42.

Collier, D. and J. Mahon (1993) ‘Conceptual ‘Stretching’ Revisited’, *American Political*

Science Review 87(4), 845-55.

Collier, D. and S. Levitsky (2009) 'Democracy', in D. Collier and J. Gerring (eds.), *Concepts and Method in the Social Science.* New York and Exeter: Routledge, 269-288.

Cooper, B. and J. Glaesser (2015) 'Qualitative Comparative Analysis, Necessary Conditions, and Limited Diversity', *Field Methods,* DOI: 10.1177/1525822X15598974.

Coppechi, V. (1966) 'Typologies in relation to mathematical models', *Ikon* 58, 1-62.

Craig, J. (1982) 'Malta', *West European Politics* 5, 318-320.

Creswell, J. (2010) 'Mapping the Developing Landscape of Mixed Methods Research', in A. Tashakkori and C. Teddlie (eds.), *SAGE Handbook of Mixed Methods in Social & Behavioral Research,* 2nd edition, Thousand Oaks, London: Sage, 45-68.

Crombez, C. (1996) 'Minority governments, minimal winning coalitions and surplus majorities in parliamentary systems', *European Journal of Political Research* 29(1), 1-29.

Curini, L. And A. Hino (2012) 'Missig Links in Party-System Polarization', *The Journal of Politics* 74(2), 460-473.

Czada, R. (2010) ‚Demokratietypen, institutionelle Dynamik und Interessenvermittlung', in H-J. Lauth, *Vergleichende Regierungslehre,* Wiesbaden: VS Verlag für Sozialwissenschaften, 283-305.

Dachs, H. (1995) ‚Der Regierungsproporz in Österreichs Bundesländern-ein Anachronismus?', in: Khol, A., G. Ofner und A. Stirnemann (Hrsg.), *Österreichses Jahrbuch für Politik 1994,* Wien: Oldenbourg Wissenschaftsverlag, 624-625.

Dachs, H. (2003) ‚Politische Parteien in Östetrreichs Bundesländern', in H. Dachs, E. Hanisch und R. Kriechbaumer (Hrsg.), *Der Bund und die Länder,* Wien, Köln and Weimar: Böhlau Verlag, 69-138.

Dalton, R. (2008) 'The Quantity and the Quality of Party Systems', *Comparative Political Studies* 41(7), 899-920.

Debus, M. (2008) 'Party Competition and Government Formation in Multilevel Settings', *Government and Opposition* 43(4), 505-538.

van Deemen, A. (1991) 'Coalition Formation in Centralized Policy Games', *Journal of Theoretical Politics* 3(2), 139-161.

Deiermeier, D., H. Eraslan and A. Merlo (2007) 'Bicameralism and Government Formation', *Quarterly Journal of Political Science* 2(3), 227-252.

Deschouwer, K. (2006) 'Political Parties as Multi-Level Organizations', in R. Katz and W. Crotty (eds.), *Handbook of Political Parties,* London: Sage, 291-300.

Detterbeck, K. and W. Renzsch（2008）‚Symmetrien un Asymmertien im bundesstaatlichen Parteinwettbewerb‘, in U. Jun, M. Haas und O. Niedermayer（Hrsg.）, *Parteien und Parteiensysteme in den deutschen Ländern,* Wiesbaden: VS Verlag für Sozialwissenschaften, 39-56.

Detterbeck, K.（2011）*Parteien und Parteiensystem,* Konstanz und München: UVK Verlag.

Dolezal, M.（2013）‚Die politische Entwicklung Wiens‘, in M. Dippelreiter（Hrsg）, *Geschichte der österreichischen Bundesländer seit 1945 ∕ Wien,* Wien, Köln and Weimar: Böhlau Verlag, 39-108.

Druckman, J., L. Martin and M. Thies（2005）‘Influence without Confidence‘, *Legislative Studies Quarterly* 30（4）: 529-48.

Dumont, P., L. De Winter, and R. Andeweg（2011）‘From coalition theory to coalition puzzles‘, in R. Andeweg, L. De Winter, and P. Dumont（eds.）, *Puzzles of Government Formation.* New York: Routledge, 1-23.

Eckstein, H.（1975）‘Case Study and Theory in Political Science‘, in F. Greenstein and P. Nelson（eds.）, *Strategies of Inquiry,* Massachusetts: Addison-Wesley, 79-137.

Eder, C. und R. Magin（2008）‚Direkte Demokratie‘, in M. Freitag und A. Vatter（Hrsg.）, *Die Demokratien der deutschen Bundesländer,* Oplanden und Farmington Hills: Verlag Barbara Budrich, 257-308.

Elder, N., A. Thomas and D. Arter（1982）*The Consensual Democracies ?,* Oxford: Martin Robertson.

Elman, E.（2005）‘Explanatory Typologies in Qualitative Studies of International Politics‘, *International Organization* 59（2）, 293-326.

Eppner, S. and S. Ganghof（2015）‘Do（weak）upper houses matter for cabinet formation ?‘, *Research & Politics* 1, 1-5.

Eppner, S. and S. Ganghof（2016）‘Institutional Veto Players and Cabinet Formation‘, *European Journal of Political Research*〔forthcoming〕.

Fallend, F.（1997）‚Kabinettsystem und Entscheidungsfindungsprozesse in den österreichischen Landesregierungen‘, in: H. Dachs, F. Fallend, und E. Wolfgruber, *Länderpolitik,* Wien: Signum Verlag, 231-354.

Fallend, F.（2003）‚Föderalismus-eine Domäne der Exekutiven ?‘, in H. Dachs（Hrsg.）, *Der Bund und die Länder,* Wien, Köln and Weimar: Böhlau Verlag, 17-68.

Fallend, F.（2006）‚Landesregierung und Landesverwaltung‘, in H. Dachs, P. Gerlich, H. Gottweis, H. Kramer, V. Lauber, W. Müller, and E. Tálos（Hrsg.）, *Politik in Österre-*

ich, Wien: MANZ'sche.

Fallend, F. (2010) 'Austria', in: J. Loughlin, F. Hendriks and A. Lidström (esd.), *The Oxford Handbook of Local and Regional Democracy in Europe,* Oxford: Oxford University Press, 173-195.

Fiss, P. (2011) 'Building Better Causal Theories', *Academy of Management Journal* 54(2) : 393-420.

Fiss, P., D. Sharapov, and L. Cronqvist (2013) 'Opposites attract ?', *Political Research Quartely* 66(1), 191-197.

Flinders, M. (2010) *Democratic Drift,* Oxford: Oxford University Press.

Freitag, M. und A. Vatter (2008) *Die Demokratien der deutschen Bundesländer,* Oplanden und Farmington Hills: Verlag Barbara Budrich.

Frendo, H. (1974) *Party Politics in a Fortress Colony. The Maltese Experience.* Valletta: Midsea Books Ltd.

Frendo, H. (1994) 'National Identity', in H. Frendo and Oliver Friggieri (eds.), *Malta, Culture and Identity.* Valletta: Ministry Youth and Arts, 1-25.

Gabriel, M. and J. Huber (2000) 'Putting parties in their place', *American Journal of Political Science* 44(1), 94-103.

Gamson, W. (1961) 'A Theory of Coalition Formation', in *American Sociological Review* 26(3), 373-382.

Ganghof, S. (2010) 'Democratic Inclusiveness', *British Journal of Political Science* 40(3), 679-692.

Ganghof, S. (2012) 'Resilient patterns of democracy', *Zeitschrift für Vergleichende Politikwissenschaft* 6(2), 103-124.

Ganghof, S. (2015) 'Reconciling Representation and Accountability', *Government and Opposition,* DOI: 10.1017/gov.2015.15.

Ganghof, S. and C. Stecker (2015) 'Investiture rules in Germany' in B. Rausch, S. Martin and J. Cheibub (eds.), *Parliaments and Government Formation, Unpacking Investiture Rules,* Oxford: Oxford University Press, 67-85.

Gallagher, M., M. Laver and P. Mair (2005) *Representative Governance in Modern Europe,* 4th edition, Berkshire: McGraw Hill.

Gärdenfors, P. (2014) *The Geometry of Meaning, Semantics based on conceptual spaces,* Cambridge, Massachusetts, London, England: MIT Press.

Germann, R. (1976) ‚Der Bürger in der Konkordanzdemokratie', *Civitas* 31(7).

Gerring, J. (2008) 'Causal mechanisms', *Comparative Political Studies* 43(11), 1499-1526.

Gerring, J. (2012) *Social Science Methodology. A Unified Framework*, 2nd edition, Cambridge: Cambridge University Press.

Geser, H. (1991) ,Kleine Sozialsysteme', in H. Michalsky (Hrsg.), *Politischer Wandel in konkordanzdemokratischen Systemen*, Vaduz: Verlag der Liechtensteinischen Akademischen Gesellschaft, 93-120.

Gianetti, D. and K. Benoit (2008) 'Intra-party politics and coalition governments in parliamentary democracies', in D. Gianetti and K. Benoit (eds.), *Intra-Party Politics and Coalition Governments*, New York: Routledge, 3-24.

Gilljam, M. and H. Oscarsson (1996) 'Mapping the Nordic Party Space', *Scandinavian Political Studies* 19(1), 25-38.

Goertz, G. and H. Starr (2003) *Necessary conditions, Theory, Methodology, and Applications*, Oxford: Rowman & Littlefield Publishers.

Goertz, G. (2006) *Social Science Concepts. A User's Guide*, Princeton: Princeton University Press.

Goertz, G., T. Hak and J. Dul (2013) 'Ceilings and Floors', *Sociological Methods & Research* 42(1): 3-40.

Golder, S. (2006) *The Logic of Pre-electoral Coalition Formation*, Columbus: The Ohio State University Press.

Golder, M., S. Golder, and D. Siegel (2012) 'Modeling the Institutional Foundation of Parliamentary Government Formation', *Journal of Politics* 74(2): 427-45.

Goldthorpe, J. (1997) 'Current Issues in Comparative Macrosociology', *Comparative Social Research* 16, 1-26.

Goodin, G. and Johnson-Laird, P. (2013) 'The acquisition of Boolean concepts', *Trends in Cognitive Science* 17(3), 128-133.

Grabow, K. (2008) ,Das Parteiensystem Mecklenburg-Vorpommerns', in U. Jun, M. Haas und O. Niedermayer (Hrsg.), *Parteinen un Parteiensysteme in den deutschen Ländern*, Wiesbaden: VS Verlag für Sozialwissenschaftenen, 265-290.

Glasgow, G., M. Golder and S. Golder (2011) 'Who 'Wins'? Determining the Party of the Prime Minister', *American Journal of Political Science* 55(4), 937-954.

Glasgow, G. and S. Golder (2015) 'A New Approach to the Study of Parties Entering Government', *British Journal of Political Science* 45(4), 739-754.

Grofmann, B. (1996) 'Extending a Dynamic Model of Protocoalition Formation', in N. Schofield (ed.), *Collective Decision-Making*, Boston, Dordrecht and London: Kluwer Academic Publishers, 265-280.

Grofmann, B., P. Straffin and N. Niviello (1996) 'The Sequencial Dynamics of Cabinet Formation, Stochastic Error, and a Test of Competing Models', in N. Schofield (ed.), *Collective Decision-Making*, Boston, Dordrecht and London: Kluwer Academic Publishers, 281-293.

Grofman, B. (2004) 'Downs and Two-Party Convergence', *Annual Review of Political Science* 7, 25-46.

Grofmann, B. and C. Schneider (2009) 'An introduction to crisp-set QCA', *Political Research Quarterly* 62(4), 662-672.

Groseclose, T. and J. Snyder Jr. (1996) 'Buying supermajorities', The American Political Science Review 90(2), 303-315.

Haas, M. (2007) ‚Auswirkungen der Großen Koalition auf das Parteiensystem', *Aus Politik und Zeitgeschichte* 35-46, 18-26.

Habermas, J. (1976) ‚Legitimationsprobleme im modernen Staat', in Klelmansegg, P. (ed.), *Politische Vierteljahresschrift Sonderhefte*, Wiesbaden: VS Verlag für Sozialwissenschaften, 39-61.

Haukenes, K. and A. Freyberg-Inan (2013) 'Enforcing consensus ?', *Democratization* 20(7), 1268-1296.

Hedström, P. and P. Ylikoski (2010) 'Causal Mechanisms in the Social Sciences', *Annual Review of Sociology* 36, 49-67.

Helm, C. and M. Neugart (2013) 'Oversized coalitions and policy reform with asymmetric information', *Journal of Institutional and Theoretical Economics* 169(3), 383-406.

Hendricks, F. (2010) *Vital Democracy, A Theory of Democracy in Action*, New York: Oxford University Press.

Hino, A. (2009) 'Time-Series QCA: Studying Temporal Change through Boolean Analysis', *Sociological Theory and Methods* 24(2), 247-265.

Hino, A. (2012) *New Challenger Parties, A Comparative Analysis*, London and New York: Routledge.

Hirczy, W. (1995) 'Explaining near-universal turnout', *European Journal of Political Research* 27(2), 255-272.

Hirczy, W. and J. Lane (1997) 'STV in Malta', *Representation* 34 (Winter), 21-28.

Hirczy, W. and J.-C. Lane (1999) 'Malta, STV in a two-party system', http://www.um.edu.mt/__data/assets/pdf_file/0011/179912/2pty.pdf. Accessed: December 31, 2015.

Holtmann, E. und Voelzkow, H. (2000) ‚Das Regierungssystem der Bundesrepublik

Deutschland zwischen Wettbewerbsdemokratie und Verhandlungsdemokratie', in E. Holtmann und H. Voelzkow (Hrsg.), *Zwischen Wettbewerbs-und Verhandlungs-demokratie*. Wiesbaden: VS Verlag für Sozialwissenschaftenen, 9-21.

Hooghe, L., G. Marks, A. Schakel, S. Osterkatz, S. Niedzwiecki, S. Shair-Rosenfield (2016) *Measuring Regional Authority, A Postfunctionalist Theory of Governance*, vol. I, Oxford: Oxford University Press.

Horváth, P. (2015) 'A rule of all seasons?', in B. Rausch, S. Martin and J. Cheibub (eds.), *Parliaments and Government Formation, Unpacking Investiture Rules*, Oxford: Oxford University Press, 86-100.

Horst, P. (2008) ‚Das Parteiensystem Humburgs', in U. Jun, M. Haas und O. Niedermayer (Hrsg.), *Parteinen un Parteiensysteme in den deutschen Ländern*. Wiesbaden: VS Verlag für Sozialwissenschaftenen, 217-246.

Horowitz, D. (2014) 'Ethnic power sharing', *Journal of democracy* 25(2), 5-20.

Indridason, I. (2008) 'Does terrorism influence domestic politics?', *Journal of Peace Research* 45(2), 241-260.

Indridason, I. (2011) 'Coalition formation and polarisation', *European Journal of Political Research* 50(5), 689-718.

Indridason, I. and S. Bowler (2014) 'Determinants of cabinet size', *European Journal of Political Research* 53(2), 381-403.

Jaccard, J. and R. Turrisi (2003) *Interaction Effects in Multiple Regression*, 2nd edition, Thousand Oaks, London, New Delhi: SAGE.

Jaspers, K. (1966) ‚Wohin treibt die Bundesrepublik?', *Der Spiegel* 17, 49-64.

Johnson, B., A. Onwuegbuzie, and L. Turner (2007) 'Toward a Definition of Mixed Methods Research', *Journal of Mixed Methods Research* 1(2), 112-133.

Jordan, G. and P. Cairney (2013) 'What is the 'Dominant Model' of British Policy Majoritarian and Policy Community Ideas', *British Politics* 8, 233-259.

Jun, U. (1994) *Koalitionsbildung in den deutschen Bundesländern. Theoretische Betrachtungen Dokumentation und Analyse*, Opladen: Leske + Budrich.

Jun, U. (2007) ‚William H. Riker, The Theory of Political Coalitions, New Haven 1962', in S. Kailitz (Hrsg.), *Schlüsselwerke der Politikwissenschaft*, Wiesbaden: VS Verlag für Sozialwissenschaften, 395-398.

Jun, U. und B. Höhne (2008) ‚Das Parteiensystem in Rheinland-Pfalz', in U. Jun, M. Haas und O. Niedermayer (Hrsg.), *Parteinen un Parteiensysteme in den deutschen Ländern*. Wiesbaden: VS Verlag für Sozialwissenschaftenen, 341-368.

Junger, A.-C. (2002) 'A Case of a Surplus Majority Government', *Scandinavian Political Studies* 25(1), 57-83.

Junger, A-C. (2011) The Rainbow coalition, in R. Andeweg, L. De Winter and P. Dumont (eds.), *Puzzles of Government Formation.* London and New York: Routledge, 129-146.

Katz, R. and P. Mair (1993) 'Evolution of Party Organizations in Europe', *The American Review of Politics* 14, 593-617.

Katz, R. and P. Mair (2009) 'The Cartel Party Thesis', *Perspectives on Politics* 7(4), 753-766.

Katzenstein, P. (1985) *Small States in World Markets, Industrial Policy in Europe,* Ithaca, New York: Cornell University Press.

Katzenstein, P. (2003) Small Statess and Small States Revisited, *New Political Economy* 8(1), 9-30.

Keating, M. (1998) *The New Regionalism in Western Europe. Territorial Restructuring and Political Change,* Cheltenham and Northhampton: Edward Elgar.

Kitschelt, H. (1996) 'European Party Systems', P. Heywood, M. Rhodes and V. Wright (eds.), *Developments in West European Politics,* London: Macmillan Press, 131-50.

Korjani, M. and J. Mendel (2014) 'Interval Type-2 Fuzzy Set Qualitative Comparative Analysis (IT2-fsQCA)', *Proceedings of North American Fuzzy Information Processing Society conference paper,* DOI: 10.1109/NORBERT. 2014.6893903.

Kranenpohl, U. (2012) ,Konkordanzdemokratie, Konsensusdemokratie, Verhandlungsdemokratie', in U. Kranenpohl und S. Köppl (Hrsg.), *Konkordanzdemokratie,* Baden-Baden: Nomos, 13-32.

Kreudel-Kaiser, D. (2014) *Government Formation in Central and Eastern Europe. The Case of Minority Governments,* Opladen, Berlin and Toronto: Budrich University Press.

Kriesi, H. (2015) 'Varieties of Democracy', V. Schneider and B. Eberlein (eds.), *Complex democracy,* Heidelberg, New York, Dordrecht and London: Springer, 11-28.

Kriesi, H. (2017) 'Social Movements', D. Caramani (ed.), *Comparative Politics,* fourth edition, Oxford: Oxford University Press.

Krogslund, C., D. Choi, and M. Poertner (2015) 'Fuzzy Sets on Shaky Ground', *Political Analysis* 23(3), 21-41.

Kropp, S. and R. Sturm (1998) *Koalitionen und Koalitionsvereinbarungen, Theorie, Analyse und Dokumentation,* Opladen: Leske + Budrich.

Kropp, S.（2001）*Regieren in Koalitionen. Handlungsmuster und Entscheiudngsbildung in deutschen Länderregierungen*, Wiesbaden: Springer.

Kropp, S.（2008）‚Koalitionsregierungen‘, in O. Gabriel und S. Kropp（Hrsg.）, *Die EU-Staaten im Vergleich.* Wiesbaden: Springer VS, 514-549.

Kropp, S.（2010a）*Kooperativer Föderalismus und Politikverflechtung*, Wiesbaden: VS Verlag für Sozialwissenschaften.

Kropp, S.（2010b）‘The Ubiquity and Strategic Complexity of Grand Coalition in the German Federal System’, *German politics* 19(3-4), 286-311.

Krouwel, A.（2006）‘Party Models’, in R. S. Katz and W. Crotty（eds.）, *Handbook of Party Politics*, London: Sage, 249-269.

Krumm, T.（2015）*Föderale Staaten im Vergleich, Eine Einführung*, Wiesbaden: VS Verlag für Sozialwissenschaften.

Kuhn, D. and I. Rohlfing（2016）‘Are there really two cultures?’, *Europan Journal of Political Research*, DOI: 10.1111/1475-6765.12159.

Lakeman, E.（1982）‘Malta-continued’, *Representation* 22, 32.

Lakoff, G.（1987）*Women, Fire, and Dangerous Things, What Categories Reveal about the Mind*, Chicago: University of Chicago Press.

Lakoff, G.（2014）‘Set Theory and Fuzzy Sets’, *Qualitative & Multi-Method Research* 12(1), 9-14.

Lane, J.-C.（1992）*Maltese Elections, 1921-1992. First Count Vote Totals By Party, Year and Division*, Valletta: Bibliotheca Melitensis.

Lane, J.-C.（1998）‘Are Maltese Party Loyalties Waning?’, *Bank of Valletta Review* 10, 52-60.

Langkcer, R.（1999）*Grammar and Conceptualization*, Berlin, New York: Mouton de Gruyter.

Lauth, H.-J.（2009）‚Typologien in der vergleichenden Politikwissenschaft‘, in S. Pickel, G. Pickel, H-J. Lauth, und D. Jahn（Hrsg.）, *Methoden der vergleichenden Politik-und Sozialwissenschaft.* VS Verlag für Sozialwissenschaften, 153-172.

Lauth, H.-J.（2010）‚Demokratietypen auf dem Prüfstand‘, in: K. H. Schrenk and M. Soldner（eds.）, *Analyse demokratischer Regierungssysteme*, Wiesbaden: Springer, 47-60.

Lauth, H.-J.（2015）‘Formal and Informal Institutuions’, in J. Gandhi and R. Ruiz-Rufino（eds.）, *Routledge Handbook of Comparative Political Institutions*, New York: Routledge.

Laver, M. and B. Hunt（1992）*Policy and Party Competition*, London and NEW YORK:

Routledge.

Laver, M. and I. Budge (1992) 'Introduction', in M. Laver and I. Budge (eds.), *Party Policy and Government Coalitions*, New York: St. Martins Press, xix-xxii.

Laver, M. and K. Shepsle (1996) *Making and Breaking Governments*, Cambridge: Cambridge University Press.

Laver, M and N. Schofield (1998) *Multiparty Government*, Michigan: The University of Michigan Press.

Laver, M. (2008) 'Governmental Politics and the Dynamics of Multiparty Competition', *Political Research Quarterly* 61(3), 532-536.

Lee, M. and E.-J. Wagenmakers (2013) *Bayesian Cognitive Modeling*, Cambridge: Cambridge University Press.

Lees-Marshment, J. (2001) 'The Marriage Politics and Marketing', *Political Studies* 49(4), 692-713.

Lehmbruch, G. (1967) *Proporzdemokratie, Politisches System und politische Kultur in der Schweiz und in Österreich*, Tübingen: Mohr Siebeck.

Lehmbruch, G. (1992) ,Konkordanzdemokratie', in M. Schmidt (Hrsg.), *Lexikon der Politik Bd. 3*, München: C. H. Beck, 206-211.

Lehmbruch, G. (2003) *Verhandlungsdemokratie. Beiträge zur vergleichenden Regierungslehre*, Wiesbaden: VS Verlag für Sozialwissenschaften.

Leiserson, M. (1968) 'Faction and Coalitions in One-Party Japan', *The American Political Science Review* 62(3), 770-787.

Lijpahrt, A. (1969) 'Consociational Democracy', *World Politics* 21(2), 207-225.

Lijphart, A. (1971) 'Comparative politics and the comparative method', *American Political Science Review* 65(3), 682-693.

Lijphart, A. (1975) *The politics of accommodation: Pluralism and democracy in the Netherlands*, second edition, Berkely: University of California Press.

Lijphart, A. (1981) 'Power-sharing versus Majority Rule' *Government and Opposition* 16(4), 395-413.

Lijphart, A. (1984) *Patterns of majoritarian and consensus government in twenty-one countries*, New Haven and London: Yale University Press.

Lijphart, A. (2000) 'Varieties of Nonmajoritarian Democracy', in M. Crepaz, T. Koelble, and D. Wilsford (eds.), *Democracy and Institutions*. Ann Arbor: The University of Michigan Press, 225-245.

Lipset, M. and S. Rokkan (1967) 'Cleavage Strucures, Party Systems, and Voter Alignments', in S. Lipset and S. Rokkan (eds.), *Party Systems and Voter Alignments*, Toronto: The Free Press, 1-64.

Lindvall, P. (2010) 'Power sharing and reform capacity', *Journal of Theoretical Politics* 22(3), 1-18.

Linhart, E. (2013) 'Does an Appropriate Coalition Theory Exist for Germany?', *German Politics* 22(3), pp. 288-313.

Loughlin, J., F. Hendriks, and A. Lidström (2013) *The Oxford Handbook of Local and Regional Democracy in Europe*, Oxford: Oxford University Press.

Luebbert, G. (1986) *Comparative Democracy*, New York: Columbia University Press.

Luhmann, N. (1989) ‚Politische Steuerung', in H.-H. Hartwich (Hrsg.), *Macht und Ohnmacht politischer Institutionen*, Wiesbaden: VS Verlag, 12-16.

Maass, M. (2009) 'The elusive definition of the small state', *International politics* 46(1), 65-83.

Mahoney, J. and D. Rueschemeyer (2003) 'Comparative Historical Analysis', J. Mahoney and D. Rueschemeyer (eds.), *Comparative Historical Analysis in Social Sciences*, Cambridge: Cambridge University Press, 1-40.

Mahoey, J. and G. Goertz (2004) 'The Possibility Principle: Choosing Negative Cases in Comparative Research', *American Political Science Review* 98(4), 653-669.

Mahoney, J., G. Goertz and C. Ragin (2013) 'Causal models and counterfactuals', in S. Morgan (ed.), *Handbook of Causal Analysis for Social Research*, Dordrecht: Springer, 75-90.

Mainwaring, S., C. Gervasoni and A. España-Najera (2016) 'Extra-and within-system electoral volatility', *Party Politics*, DOI: 10.1177/1354068815625229.

Mair, P. and S. Bartolini (1990) *Identity, Competition, and Electoral Availability. The stabilisation of European electorates 1885-1985*, Cambridge: Cambridge University Press.

Mair, P. (1997) *Party System Change: Approaches and Interpretations*, Oxford: Oxford University Press.

Mair, P. (2002) 'Comparing Party Systems', in L. Le Duc, R. Niemi, and P. Norris (eds.), *Comparing Democracies 2*, London: Sage, 88-107.

Mair, P. (2006) 'Party System Change', in R. Katz and William Crotty (eds.), *Handbook of Party Politics*, Sage, London, Thousand Oaks and New Delhi: Sage, 63-74.

Mair, P. (2008) 'Concepts and concept formation', in D. Della Porta and M. Keating (eds), *Approaches and Methodologies in the Social Sciences*, Cambridge: Cambridge

University Press, 177-97.

Mair, P. (2009) 'The Challenge to Party Government', in K. Goetz, P. Mair, and G. Smith (eds.), *European Politics*, New York: Routledge, 211-234.

Mair, P. (2014) 'Representative vs. Responsible Government', I. van Biezen (ed.), *On Parties, Party Systems and Democracy*, Colchester: ECPR Press, 581-596.

Manatschal, A. and J. Bernauer (2016) 'Consenting to Exclude?', *West European Politics* 39(2), 183-204.

March, J. and J. Olsen (1989) *Rediscovering Institutions*, New York: Free Press.

Martin, L. and R. Stevenson (2001) 'Government Formation in Parliamentary Democracies', *American Journal of Political Science* 45(1), 33-50.

Martin, L. and R. Stevenson (2010) 'The Conditional Impact of Incumbency on Government Formation', *American Political Science Review* 104(3), 503-518.

Martin, L. and G. Vanberg (2015) 'Coalition formation and policymaking in parliamentary democracies', in J. Gandhi and R. Ruiz-Rufino (eds.), *Routledge Handbook of Comparative Political Institutions*, New York: Routledge, 181-194.

Marton, R. (1936) 'The Unanticipated Consequences of Purposive Social Action', *American Sociological Review* 1(6), 894-904.

Marxer, W. (2001) *Wahlverhalten und Wahlmotive im Fürstentum Liechtenstein*. Vaduz: Verlag der Liechtensteinischen Akademischen Gesellschaft.

Marxer, W. (2006) ,Das Parteiensystem Liechtenstein', in O. Niedermayer, R. Stöss und M. Haas (Hrsg.), *Die Parteiensysteme Westeuropas*, Wiesbaden: VS Verlag, 299-320.

Marxer, W. (2010) ,Notizen zu einer Direktwahl der Regierung in Liechtenstein', *Arbeitspapiere Liechtenstein-Institut Nr. 27*, 1-27.

Marxer, W. (2013) ,Manifesto Research-Forschungsbericht Liechtenstein (Stand 2013)', *Arbeitspapiere Liechtenstein-Institut* Nr. 40.

Marxer, W. (2014) ,Wahlrecht Liechtenstein-Sperrklausel, Grundmandat, Restmandat', *Arbeitspapiere Liechtenstein-Institut*, Bendarn: Liechtenstein-Institut.

Marxer, W. and Z. T. Pállinger (2006) ,Direkte Demokratie in der Schweiz und in Liechtenstein-Systemkontexte und Effekte', *Beiträge Liechtenstein-Institut* Nr. 36.

McDonald, M. and I. Budge (2014) 'Getting it (approximately) Right (and Center and Left)', *Electoral Studies* 35, 67-77.

McGann, A. (2004) 'The Tyranny of the Supermajority', *Journal of Theoretical Politics* 16(1), 53-77.

McGann, A. (2006) *The Logic of Democracy, Reconciling Equality, Deliberation, and*

Minority Protection, Ann Arbor: The University of Michigan Press.

McGann, A. and M. Latner (2012) 'The Calculus of Consensus Democracy', *Comparative Political Studies* 46(7), 823–850.

McKelvey, R. (1976) 'Intransitivities in multidimensional voting models and some implications for agenda control', *Journal of Economic Theory* 12(3), 472–482.

Mckinney, J. (1966) *Constructive Typology and Social Theory,* New York: Appleton-Century-Crofts.

Mendel, J. (2001) *Uncertain Rule-Based Fuzzy Logic Systems,* NJ: Prentice Hall PTR.

Mendel, J. (2007) 'Type–2 Fuzzy Sets and Systems', *Computational Intelligence Magazine* 2(1), 20–29.

Mendel, J., H. Hagras, W.-W. Tan, W. Melek, and H. Ying (2014) *Introduction to Type–2 fuzzy logic control, theory and applications.* London: Wiley-IEEE Press.

Mendel, J. and Korjani, M. (2014) 'On establishing nonlinear combinations of variables from small to big data for use in later processing', *Information Sciences* 280, 98–110.

Michalsky, H. (1991) *Politischer Wandel in konkordanzdemokratischen Systemen.* Vaduz: Verlag der Liechtensteinischen Akademischen Gesellschaft.

Mikkelsen, K. (2015a) 'Fuzzy-set case studies', *Sociological Methods & Research,* DOI: 10.1177/0049124115578032.

Mikkelsen, K. (2015b) 'Negative case selection', *Sociological Methods & Research,* DOI: 10.1177/0049124115591015.

Mitchell, P. and B. Nyblade (2008) 'Government Formation and Cabinet Type in Parliamentary Democracies', in K. Strøm, W. Müller, and T. Bergman (eds.), *Cabinets and Coalition Bargaining.* Oxford: Oxford University Press, 201–235.

Mizzi, E. (1995) *Malta in the Making, 1962–1987. An eyewitness account.* Self-published.

Moses, J. and T. Knutsen (2012) *Ways of Knowing,* 2nd edition, Hampshire, New York: Palgrave Macmillan.

Møller, J. and S.-E. Skaaning (2010) 'Beyond the Radial Delusion', *International Political Science Review* 31(3), 261–283.

Møller, J. and S.-E. Skaaning (2011) *Requisites of Democracy,* New York: Routledge.

Møller, J. and S.-E. Skaaning (2015) 'Explanatory Typologies as a Nested Strategy of Inquiry', *Sociological Methods & Research,* DOI: 10.1177/0049124115613778.

Muirhead, R. and N. Rosenblum (2006) 'Political Liberalism vs. "The Great Game of Politics"', *Perspectives on Politics* 4(1), 99-108.

Müller, W. (1993) 'Executive-Legislative Relations in Austria', *Lagislative Studies Quarterly* 18(4), 467-494.

Müller, W. and K. Strøm (1999) *Policy, Office or Votes ? How Political Parties in Western Europe Make Hard Decisions,* Cambridge: Cambridge University Press.

Müller, W. and K. Strøm (2000) ‚Die Schlüssel zum Zusammensein', in J. van Deth and T. König, *Europäische Politikwissenschaft,* Frankfurt and New York: Campus Verlag, 136-170.

Müller, W. (2000) 'Political parties in parliamentary democracies', *European Journal of Political Research* 34(3), 309-333.

Müller, W. (2004) ‚Koalitionstheorien', in L. Helmus, und U. Jun, *Politische Theorie und Regierungslehre.* Frankfurt / New York: Campus Verlag, 267-301.

Müller, W. (2008) ‚Zur Leistungsfähigkeit großer Koalitionen', *Zeitschrift für Staats-und Europawissenschaften* 6(3): 499-523.

Müller, W. (2009) 'Government Formation', in T. Landman, N. Robinson (eds.), *The SAGE Handbook of Comparative Politics.* London: SAGE, 227-245.

Müller-Rommel, F. (2008) ‚Demokratiemuster und Leistungsbilanz von Regierungen', Zeitschrift für vergleichende Politikwissenschaft 2(1), 78-94.

Näscher, G. (2005) *Landtagswahlen 2005 vom 11./13. März 2005. Landtagswahlen in Zahlen,* Bendern: Typoskript.

von Neumann, J. and O. Morgenstern (1944) *Theory of games and economic behavior,* Princeton: Princeton University Press.

Niedermayer, O. (2001) ‚Nach der Vereinigung', in O. Gabriel, O. Niedermayer and S. Richard (Hrsg.), *Parteiendemokratie in Deutschland,* Bonn: Bundeszentrale für politische Bildung, 107-127.

Niedermeier, O. (2010) ‚Von der Zweiparteiendominanz zum Pluralismus', *Politische Vierteljahresschrift* 51(1), 1-13.

Niikawa, S. (2018) 'Oversized coalitions in Central and Eastern Europe', *East European Politics,* 34(4), 377-399.

Nikolenyi, C. (2014) *Institutional Design and Party Government in Post-Communist Europe,* Oxford: Oxford University Press.

Nyblade, B. (2013) Government Formation in Parliamentary Democracies. In: W. Müller, & H. Narud, (eds.), *Party Governance and Party Democracy,* New York: Springer, 13-31.

Oktay, S. (2014) 'Constraining or enabling?', *Journal of European Public Policy* 21(6), 860-884.

Paun (2011) 'After the age of majority?', *Commonwealth & Comparative Politics* 49(4), 440-456.

Paine, J. (2016) 'Still searching for the value-added', *Comparative Political Studies* 49(6), 793-800.

Pedersen, M. (1979) 'The Dynamics of European Party Systems', *European Journal of Political Research* 7(1), 1-26.

Pehle, H. (2002) ,Koalitionen in Finnland und Schweden', in S. Kropp, S. Schüttemeyer, und R. Sturm (Hrsg.), *Koalitionen in West-und Osteuropa*. Wiesbaden: VS Verlag für Sozialwissenschaften, 197-212.

Peleg, B. (1980) 'Coaltion Formation in Simple Games with Dominant Players', *International Journal of Game Theory*, 10(1), 11-33.

Pempel. T. J. (1990) *Uncommon Democracies. The One-Party Dominant Regimes*, Ithaca: Cornell University Press.

Perssron, T. and G. Tabellini (1999) 'The size and scope of government', *European Economic Review* 43(4-6), 699-735.

Peters, G. (1999) *Institutional Theory. The "New Institutionalism" in Political Science*, London: Cassells.

Pettersson, T. and P. Wallensteen (2015) 'Armed Conflicts, 1946-2014', *Journal of Peace Research* 52(4), 536-550.

Pinto-Duschinsky, M. (1999) 'Send the rascals packing', *Representation* 36(2), 117-126.

Pirotta, G. (1994) 'Maltese Political Parties and Political Modernisation', in R. Sultana and G. Baldacchino (eds.), *Maltese Society*, Valetta: Mireva Publications, 96-112.

Plott, C. R. (1967) 'A notion of equilibrium and its possibility under majority rule', *American Economic Review* 57(Sept.), 787-806.

Powell, G. (2000) *Elections as Instruments of Democracy, Majoritarian and Proportional Visions*, New Haven, CT: Yale University Press.

Powell, N. and J. Tucker (2014) 'Revisiting Electoral Volatility in Post-Communist Countries', *British Journal of Political Science* 44(1), 123-147.

Pridham, G. (1986) 'An Inductive Theoretical Frame Work for Coalitional Behaviour', in G. Pridham (ed.), *Coalitional Behaviour in Theory and Practice*. Cambridge: Cambridge University Press, 1-31.

Rae, D. (1967) *The Political Consequences of Electoral Laws*. New Haven: Yale University Press.

Ragin, C. (2000) *Fuzzy-set social science,* Chicago: University of Chicago Press.

Ragin, C. (2008) *Redesigning Social Inquiry.* Fuzzy sets and Beyond, Chicago: University of Chicago Press.

Ragin, C. and S. Davey (2014) *fs ╱ QCA [Computer Programme], Version 2.5,* Irvine, CA: University of California.

Rasch, B., S. Martin, and J. Cheibub (2015) 'Investiture rules unpacked' in B. Rausch, S. Martin and J. Cheibub (eds.), *Parliaments and Government Formation, Unpacking Investiture Rules,* Oxford: Oxford University Press, 331–356.

Rausch, H. (1976) ‚Ein neuer "Phönix aus der Asche"?', *Civitas: Jahrbuch für Sozialwissenschaften* 14, 74–98.

Ray, D. And R. Vohra (2015) 'Coalition Formation', in P. Young and S. Zamir (eds.), *Handbook of Game Theory with Economic Applications,* Amsterdam: Elsevier, 239–326.

Renzsch, W. und S. Schieren (1997) ‚Große Koalition oder Minderheitsregierung', *Zeitschrifut für Parlamentsfragen* 3, 391–407.

Riker, W. (1962) *The Theory of Political Coalitions,* New Have: Yale University Press.

Rohlfing, I. and C. Schneider (2014) 'Clarifying Misunderstandings, Moving Forward', Qualitative & Multi-Method Research 12(2), 27–34.

Rohlfing, I. (2012) *Case Studies and Causal Inference. An Integrative Framework,* New York, NY: Palgrave Macmillan.

Rohlfing, I. and P. Starke (2013) 'Building on solid ground', *Swiss Political Science Review* 19(4), 492–512.

Rohlfing, I. (2015) 'Why simulations are appropriate for evaluating Qualitative Comparative Analysis', *Quality & Quantity,* DOI: 10.1007/s11135-015-0251-8.

Rokkan, S. (1971) 'Nation-building', *Current Sociology* 19(3), 7–38.

Rokkan, S. (1999) *State Formation, Nation-Building, and Mass Politics in Europe. The Theory of Stein Rokkan,* Oxford: Oxford University Press.

Rosch, E. (1978) 'Principles of categorization', in E. Rosch and B. Lloud (eds.), *Cognition and Categorization,* Hillsdale, Mich.: Lawrence Erlbaum, 27–48.

Rush, M. (2013) 'Conclusion: legislatures-does size matter?', in N. Baldwin (ed.), *Legislatures of Small States,* London and New York: Routledge, 175–187.

Saarfeld, T. (2008) 'Intra-party Conflict and Cabinet Survival in 17 West European Democracies, 1945-1999' In: Benoit, K. and D. Giannetti (eds.), *Intra-party Politics and*

Coalition Governments in Parliamentary Democracies, London: Routledge, 169-186.

Sani, G. and G. Sartori (1983) 'Polarization, fragmentation and competition in western democracies', in H. Daalder and P. Mair (eds.), *Western European Party Systems,* CA: Sage, 307-340.

Sartori, G. (1970) 'Concept Misformation in Comparative Politics', *The American Political Science Review* 64(4), 1033-1053.

Sartori, G. (1991) 'Compare why and how', *The Journal of Theoretical Politics* 3(3), 243-257.

Sartori, G. (2009a) 'The Tower of Babel', in D. Collier and J. Gerring (eds.), *Concepts and Method in the Social Science,* New York and London: Routledge, 61-96.

Sartori, G. (2009b) 'Comparing and miscomparing', in D. Collier and J. Gerring (eds.), *Concepts and Method in the Social Science,* New York and London: Routledge, 151 -164.

Scharpf, F. und A. Benz (1991) *Kooperation als Alternative zur Neugliederung ? Zusammenareit zwischenarbeit den norddeutschen Ländern,* Baden-Baden: Nomos Verlag.

Schausberger, F. (1999) 'Die Abschaffung des Proporzsystems in den Bundesländern Salzburg und Tirol', *Österreichisches Jahrbuch für Politik 1998,* 257-270.

Schattschuneider, E. (1942) *Party Government,* New York: Holt Rinehart and Winston.

Schedler, A. (2012) 'Judgment and Measurement in Political Science', *Perspectives on Politics* 10(1), 21-36.

Shepsle, K. (1979) 'Institutional arrangements and equilibrium in multidimensional voting models', *American Journal of Political Science* 23(1), 27-59.

Shepsle, K. and B. R. Weingast (1981) 'Structure-Induced Equilibrium and Legislative Choice', *Public Choice* 37(3), 503-519.

Schofield, N. (1993) 'Political competition and multiparty coalition governments', *European Journal of Political Research* 23(1), 1-33.

Schofield, N. (1995) 'Coalition Politics', *Journal of Theoretical Politics* 7(3), 245-281.

Schmidt, M. (2002) 'Germany', in M. Colomer (ed.), *Political Institutions in Europe,* 2nd edition, London: Routledge, 53-93.

Schmidt, M. (2004) *Wörterbuch zur Politik,* Stuttgart: Kröner.

Schmidt, M. (2007) *Das politische System Deutschlands : Institutionen. Willensbildung und Politikfelder,* München: C. H. Beck Verlag.

Schmidt, M. (2008) *Demokratietheorien,* 4 überarbeitete und erweiterte Auflage, Wiesbaden: VS Verlag für Sozialwissenschaften.

Schmidt, M. (2011) *Das politische System Deutschlands: Institutionen. Willensbildung und Politikfelder*, 2. Auflage, München: C. H. Beck Verlag.

Schmidt, M. (2015) 'The four worlds of democracy', V. Schneider and B. Eberlein (eds.), Complex democracy, Heidelberg, New York, Dordrecht and London: Springer, 29-50.

Schneider, C. and C. Wagemann (2012) *Set-Theoretic Methods for the Social Sciences, A guide to qualitative comparative analysis*, Cambridge: Cambridge University Press.

Schneider, C. and I. Rohlfing (2014) 'Case Studies Nested in Fuzzy-set QCA on Sufficiency', *Sociological Methods & Research*, DOI: 10.1177/0049124114532446.

Schneider, V. and B. Eberlein (2015) 'Complex Democracy', in V. Schneider and B. Eberlein (eds.), Complex Democracy, Heidelberg, New York, Dordrecht, London: Springer, 1-10.

Schniewind, A. (2008) ‚Parteiensysteme‘, in M. Freitag und A. Vatter (Hrsg.), *Die Demokratien der deutschen Bundesländer*, Oplanden und Farmington Hills: Verlag Barbara Budrich, 63-110.

Schniewind, A. (2011) *Die Parteiensysteme der Bundesländer im Vergleich. Bestandsaufnahme und Entwicklungen*, Berlin: LIT Verlag.

Schranz, E. (1998) ‚Überlegungen zur Landeshauptmann-Direktwahl und Proporz-oder Mehrheitssystem in den Landesregierung‘, in Khol, A., G. Ofner und A. Stirnemann (Hrsg.), *Österreichisches Jahrbuch für Politik 1997*, Wien: Oldenbourg Wissenschaftsverlag, 5450-5554.

Schroen, M. (2008) ‚Parlament, Regierung und Gesetzgebung‘, in W. Lorig und M. Hirsch (Hrsg.), *Das politische System Luxemburgs*, Wiesbaden: VS Verlag für Sozialwissenschaften, 106-129.

Seki, K. and L. Williams (2014) 'Updating the Party Government data set', *Electoral Studies* 34, 270-279.

Sened, I. (1996) 'A Model of Coalition Formation', *The Journal of Politics* 58(2), 350-372.

Serritzlew, S., A. Skjæveland, and J. Blom-Hansen (2008) 'Explaining Oversized Coalitions', *Journal of Legislative Studies* 14(4), 421-450.

Siaroff, A. (2000) *Comparative European Party Systems. An Analysis of Parliamentary Elections Since 1945*, NY: Garland Publishing.

Siaroff, A. (2003) 'Two-and-a-Half-Party Systems and the Comparative Role of the 'Half'', *Party Poitics* 9(3), 267-290.

Skaaning, S.-E. (2011) 'Assessing the Robustness of Crisp-set and Fuzzy-set QCA Results', *Sociological Methods & Research* 40(2), 391-408.

Smith, G. (1990) 'Core Persistence', in P. Mair and G. Smith (eds), *Understanding Party System Change in Western Europe*, NEW YORK: Frank Cass, 157-168.

Snyder, R. (2001) 'Scaling Down', *Studies in Comparative International Development* 36(1), 93-110.

Ștefuriuc. I. (2013) *Government Formation in Multi-Level Settings. Party Strategy and Institutional Constraints*, New York: Palgrave Macmillan.

Strum, R. (2013) 'Unruly Divorces ? Why Do Coalitions in the German Länder End Prematurely ?', *Regional & Federal Studies* 23(4), 445-449.

Strøm, K. (1990) *Minority Government and Majority Rule*, Cambridge: Cambridge University Press.

Strøm, K., I. Budge and M. Laver (1994) 'Constraints on Cabinet Formation in Parliamentary Democracies', *American Journal of Political Science* 38(2), 303-335.

Strøm, K. (2000) 'Delegation and accountability in parliamentary democracies', *European Journal of Political Research* 37(3), 261-289.

Strøm, K. (2003) 'Parliamentary democracy and delegation', in K. Strøm, W. Müller and T. Bergman, Oxford: Oxford University Press, 55-108.

Strøm, K. and B. Nyblade (2007) 'Coalition Theory and Government Formation', in C. Boix and S. Stokes (eds.), *The Oxford Handbook of Comparative Politics*, Oxford: Oxford University Press, 782-802.

Strøm, K., W. Müller and T. Bergman (2008) *Cabinets and Coalition Bargaining. The Democratic Life in Western Europe*, Oxford: Oxford University Press.

De Swann, A. (1973) *Coalition Theories and Cabinet Formations. A Study of Formal Theories of Coalition Formation Applied to Nine European Parliaments after 1918*, Amsterdam: Elsevier Scientific Publishing Company.

Taagepera, R. (2002) 'Imprications of the effective number of parties for cabinet formation', *Party Politics* 8(2), 227-236.

Taagepera, R. (2003) 'Arend Lijphart's Dimensions of Democracy', *Political Studies* 51(1), 1-19.

Tarrow, S. (2010) 'The Strategy of Paired Comparison', *Comparative Political Studies* 43(2), 230-259.

Taylor, J. (2010) *Linguistic Categorization*, 3rd Edition, Oxford: Oxford University Press.

Teddlie, C. and A. Tashakkori (2006) 'A General Typology of Research Designs Featuring Mixed Methods', *Research in the Schools* 13(1), 12-28.

Teuschler, C. und A. Streibel (2000) 'Die Parteien im Brugenland seit 1945', in R. Widder (Hrsg.), *Geschichte der österreichischen Bundesländer seit 1945 / Burgenland,* Wien, Köln and Weimar: Böhlau Verlag, 429-502.

Thiem, A. and A. Duşa (2013a) *Qualitative Comparative Analysis with R, A User's Guide,* New York, Heidelberg, Dordrecht and London: Springer.

Thiem, A. and A. Duşa (2013b) 'Boolean Minimization in Social Science Research', *Social Science Computer Review* 31(4), 505-521.

Thiem, A. (2014) 'Unifying Configurational Comparative Methods: Generalized-Set Qualitative Comparative Analysis', *Sociological Methods & Research* 43(2): 313-37.

Thiem, A. (2016) *QCApro. R Package Version 1.1-0 [Computer Programme],* URL: http://www.alrik-thiem.net/software/.

Thiem, A., M. Baumgartner and D. Bol (2016) 'Still lost in translation!', *Comparative Political Studies* 49(6), 742-774.

Tomassen, J. (2014) 'Representation and accountability', J. Tomassen (eds.), *Elections and Democracy,* Oxford: Oxford University Press, 1-19.

Tuebelis, G. and J. Money (1997) *Bicameralism.* Cambridge: Cambridge University Press.

Tsebelis, G. and E. Ha (2014) 'Coalition theory', *European Political Science Review* 6(3), 331-357.

Vatter, A. and I. Stadelmann-Steffen, (2013) 'Subnational Patterns of Democracy in Austria, Germany and Switzerland', *West European Politics* 36(1), 71-96.

Vatter, A., M. Flinders and J. Bernauer (2014) 'A Global Trend Toward Democratic Convergence? A Lijphartian Analysis of Advanced Democracies', *Comparative Political Studies* 47(6), 903-929.

Vatter, A. (2016) 'Switzerland on the road from a consociational to a contrihual democracy?', *Swiss Political Science Review,* DOI: 10.1111/spsr. 12203.

Volden, C. and C. Carrubba (2004) 'The Formation of Oversized Coalitions in Parliamentary Democracies', *American Journal of Political Science* 48(3), 521-537.

Volden, C. and A. Wiseman (2007) 'Bargaining in Legislatures over Particularistic and Collective Goods', *American Political Science Review* 101(1), 79-92.

Volkens, A., P. Lehmann, T. Matthieß, N. Merz, S. Regel and A. Werner (2015) *The Manifesto Data Collection. Manifesto Project (MRG/CMP/MARPOR),* Version 2015a, Berlin: Wissenschaftszentrum Berlin für Sozialforschung (WZB).

Walker, H. and B. Cohen (1985) 'Scope Statements-Imperatives for Evaluating Theory',

American Sociological Review 50(3), 288-301.

Wanner, G. (2000) ,Parteien und Parteienpolitik', in F. Mathis, und W. Weber, *Geschichte der österreichischen Bundesländer seit 1945 / Vorarlberg,* Wien, Köln and Weimar: Böhlau Verlag, 421-463.

Ware, A. (1996) *Political Parties and Party Systems,* Oxford: Oxford University Press.

Ware, A. (2009) *The Dynamics of Two-Party Politics. Party Structures and the Management of Competition,* Oxford: Oxford University Press.

Warwick, P. (2000) 'Policy horizons in West European parliamentary systems', *European Journal of Political Research* 38(1), 37-61.

Weber, M. (1949) *The Methodology of the Social Sciences,* Finch Glencoe, IL: Free Press.

Woodward, J. (2011) 'Mechanisms revisited', *Synthese* 183(3), 409-427.

Wolf, S. (2013) ,Elemente einer makropolitischen Theorie des Kleinstaats', *Arbeitspapiere Liechtenstein-Institut No. 42.*

Wolf, S. (2015) 'Different Approaches, Different Results in Small State Studies', *Swiss Political Science Review* 21(2), 350-361.

Wolfgruber, E. (1997) ,Politische Repräsentation auf Länderebene', in: H. Dachs, F. Fallend, und E. Wolfgruber, *Länderpolitik,* Wien: Signum Verlag, 73-230.

Wolinetz, S. (2006) 'Party Systems and Party System Types', in R. Katz and W. Crotty (eds.), *Handbook of Party Politics,* London, Thousand Oaks and New Delhi: Sage, 51-62.

索　　引

〈ア　行〉

曖昧さ　　13, 23-27, 172

アリストテレス　　14

一院制　　8-11, 34, 97, 98, 101, 103, 105, 106, 109, 111, 113, 114, 117, 120, 122, 123, 126-128, 135, 152, 154, 158, 160, 161, 164, 167, 172-180

一般化　　39, 46, 175-177, 179

ヴィトゲンシュタイン　　16

ウェストミンスター型　　42-45

オール与党　　5, 33

穏健な多党制　　83

〈カ　行〉

仮説

　　——検証　　11, 102

　　——構築　　109, 128, 174

　　——修正　　167

過大規模連合　　50-53, 55, 57, 58, 60-62, 69, 71, 72, 74, 76, 79, 96-99, 101, 103, 128, 131, 146, 161, 172-174, 178

簡単化　　88, 94, 95, 101, 139, 160, 165

寛容な政治　　7

議院内閣制　　ii, 109, 120

議会制民主主義　　3-5, 8, 49, 71, 135, 181

QCA（Qualitative Comparative Analysis）　　69, 85, 86, 88-90, 102, 105, 131, 139, 158, 165, 167

極端な多党制　　78, 83

キリスト教社会党　　149

キリスト教社会同盟　　99, 164, 165, 167

キリスト教民主同盟　　99, 142-144, 155, 164, 167

君主制　　111, 112, 152, 174, 179

ゲーム理論の伝統　　13, 14, 16, 18, 21-24, 26, 27, 51, 171, 172

決定論　　22, 23

ゲリマンダリング　　124

権威主義　　46

憲法危機　　125, 127, 180

公職追求　　49, 52, 54-56

公明党　　3

合理的選択論　　49, 51, 54, 65

国民党（オーストリア）　　142, 143, 150, 155, 157, 161

国民党（マルタ）　　120, 121, 124-126

古典的カテゴリー論　　13-16, 26, 27

〈サ　行〉

最小政党数連合　　52

最小勝利連合　　50, 52-55, 58, 59, 74-76, 79, 85, 99, 101

再選追求　　56

左翼党　　143

CMP（Comparative Manifestos Project）　　99, 100

社会党（日本）　　3

社会民主党（オーストリア）　　142, 143, 150, 155, 157, 161

社会民主党（ドイツ）　　142-144, 155

集合関係　　13, 19-22, 27, 28, 59, 60, 62, 65, 172

集合論　　ii, iii, 10, 27, 29, 59, 62, 69, 73, 74

自由党　　144, 150, 155, 157, 161

自由民主党（ドイツ）　　142, 144, 155

自由民主党（日本）　　3, 176

自由リスト　　149, 155

条件付きロジット　　72

少数政権　14, 15, 19, 27, 36, 46, 47, 54, 57, 76, 99, 165

小連立　11, 38, 161

事例内分析　24

人工的な議会多数派　115, 123-125

新党さきがけ　3

進歩市民党　109-111, 113-120, 124, 134, 143, 150, 155

真理表　28, 86, 88, 90, 92, 94, 101, 139, 145, 146, 158

政権交代　5, 7, 8

政権の比例代表制（Proporz）　156, 158, 160, 161, 166, 167, 180

整合度　90, 92, 94, 101, 145, 158, 165

政策追求　53-56

政治的機会構造　113, 122

政党システム論　50, 51, 53-56, 63, 64, 79, 83, 172

制約条件　106, 131, 135, 136, 160, 164, 174, 175

説明責任　5-7

選挙前連合　12, 56, 64

相関関係　13, 18-20, 22, 26, 59, 60, 65

祖国連合　109-111, 113-120, 124, 129, 134, 143, 155

〈タ　行〉

第一種誤謬　28

大統領制　69, 71, 99, 176

大連立国家　11

大連立待望論　8

大連立を十分条件とする政治　6, 45, 171

多極共存　38

多元的で結合的な因果　87, 98

多重結果性　19, 20

多党制　8-11, 58, 95, 98, 103, 128, 161, 172-174, 178

中位政党　54

抽象化　16, 39, 46, 95, 97, 128

調査委員会　153, 154, 166

直接民主制　111, 113, 152, 174, 175, 178

ドイツ語圏　135-139, 146

等結果性　19

独立グループ　166

ド・モルガンの法則　21

〈ナ　行〉

二院制　8-11, 34, 56-58, 85, 96-98, 101, 103, 106, 108, 128, 135, 137, 161, 172-174, 176, 178

二次的な類型　39, 139, 145

二大政党制　8-11, 34, 58, 64, 97, 98, 103, 105, 128, 161, 172-174, 178

ネガティブ・キャンペーン　122

〈ハ　行〉

背景条件　106, 131, 134, 135, 164

パラダイム　26

半大統領制　57, 176, 181

必要十分（条件）　9, 20, 27, 59, 60, 180

ファジィ集合　15, 23, 25, 27, 89, 90, 138-141, 156, 165, 166

不確実さ　13, 22, 25-27

フラームス・ブロック　51

プロトタイプに基づくカテゴリー論　13, 14, 16, 17, 26, 27

閉鎖的な政党システム　125

保守党　78

ボラティリティ　148-150, 165

〈マ　行〉

マジック・フォーミュラー　38

マルタ　10, 103, 105, 106, 108, 109, 120-133, 148, 172, 173

緑の党　51, 144, 156

民主社会党　144

民主党　3

〈ヤ・ラ行〉

ヨーロッパ政治の伝統　13, 14, 16, 21-24, 26,
　　27, 51, 171, 172

理念型　16, 36, 38, 39, 45, 138, 139, 145

リヒテンシュタイン　10, 103, 105, 106, 108
　　-115, 117-129, 131-135, 137-139, 141-143,
　　146-150, 152, 153, 155, 157, 158, 161, 164-

166, 172, 173, 175, 177-182

隣接最小勝利連合　74, 75

レイプハルト　37

連立政権論　49-51, 53-57, 63, 65, 69, 172

労働者連盟　149

労働党（マルタ）　120, 121, 124-126

論理残余　87, 88, 94, 95, 160, 165, 167

論理積　14

論理和　16, 17

《著者紹介》

新 川 匠 郎（にいかわ　しょお）

1986年生まれ.
2017年上智大学大学院グローバル・スタディーズ研究科国際関係論専攻博士後期課程修了.
現在, 上智大学外国語学部特別研究員, 博士（国際関係論）.

主要著書
State Size Matters（共著, Springer 出版, 2016年）
『日本とヨーロッパの選挙と政治』（共著, 上智大学出版, 2018年）
『日本の連立政権』（共著, 八千代出版, 2018年）

主要論文
「ドイツとオーストリアの州における合意型の政権のパターン」（『日本比較政治学会年報』, 2015年）
「集合論から見える新しい地平とは？」（『日本政治学会年報』, 2017年）
'Oversized coalitions in Central and Eastern Europe'（*East European Politics*, 2018年）
「欧州政党による選挙制度改革」（『日本選挙学会年報』, 2018年）
「ラテンアメリカの大統領制下における大連立」（共著, 『アジア経済』, 2019年）

大連立政権は民主政治の十分条件か
──21か国の比較を通じて──

2019年2月20日　初版第1刷発行	＊定価はカバーに表示してあります

著者の了解により検印省略	著　者　　新　川　匠　郎ⓒ
	発行者　　植　田　　　実
	印刷者　　江　戸　孝　典

発行所　株式会社　晃　洋　書　房

〒615-0026　京都市右京区西院北矢掛町7番地
電話　075(312)0788番(代)
振替口座　01040-6-32280

装丁　野田和浩　　　　印刷・製本　㈱エーシーティー

ISBN978-4-7710-3154-8

JCOPY 〈(社)出版者著作権管理機構　委託出版物〉
本書の無断複写は著作権法上での例外を除き禁じられています.
複写される場合は, そのつど事前に, (社)出版者著作権管理機構
（電話 03-5244-5088, FAX 03-5244-5089, e-mail: info@jcopy.or.jp）
の許諾を得てください.